MEDITATION SVR LE PSEAVME XCI.

POVR SERVIR D'ANTIDOTE contre la Peste, & de precaution contre tous dangers.

Auec vne lettre à vn amy, sur la question, s'il est loisible en temps de peste de s'esloigner des lieux infectez.

Par ANDRE' RIVET.

Et se vendent à Quevilly,

Par IACQVES CAILLOVE', demeurant à Roüen dans la Court du Palais.

M. DC. XXXVIII.

creu que ie feray choſe agreable aux gens de bien de les remettre ſous la preſſe ayant obtenu de l'autheur la correction des fautes aſſez frequentes de la premiere Impreſſion, auec quelques additions qu'il a iugees neceſſaires. Vous prendrez en bonne part ce mien office, qui ne tend qu'au bien & edification commune, comme l'autheur a eu pour but de nous appeller à recercher les vrays remedes, & recourir à la miſericorde de Dieu, tandis que nous auons encore le temps opportun. Dieu nous en face la grace.

ANTIDOTE

ET

PRESERVATIF

contre la Peſte & tous autres dangers.

MEDITATION ſur le Pſ. XCI.

ARGVMENT

SVR LE PSE. XCI.

Combien que les Rabbins Iuifs, ayent attribué ce Pſeaume & les dix qui le ſuiuent, à Moyſe, fondez ſur vne raiſon peu ſolide, pource que le precedent eſt inſcript de ſon nom dont ils inferent que les ſuiuans qui n'ont point d'inſcription ſont du meſme: Neantmoins, nous eſtimons ceux-

là estre mieux fondez, lesquels considerans le style, la tissure, & les choses proposees en ce Pseaume, le rapportent plustost à Dauid, comme font les Grecs & Latins, & le Paraphraste Chaldaïque nommément, paraphrasant ainsi le verset second, Dauid a dit, ie diray à Dieu, tu es mon esperance, &c. *Car aussi n'y a t'il point de raison à ce que disent les Hebrieux, qui est solidement refuté par cét argument que le Pseaume 99. qui est l'vn de ceux desquels ils veulent que Moyse soit l'autheur, fait mention de Samuel, au verset 6. Lequel a esté lõg temps apres Moyse. Il y a donc toute aparence, que Dauid y a voulu donner vn formulaire de priere en temps de peste, à l'occasion de celle qui est descrite au dernier chapitre du deuxiesme liure de Samuel, & au premier des Chroniques chap. 21. pource que les sentences de ce Pseaume, ont vne telle conuenance auec ceste histoire, qu'elles semblent nous metre le doigt dessus. C'est ce qui m'a meu aussi à l'apliquer à cét vsage au temps auquel il plaist à Dieu nous visiter de ce fleau en plusieurs lieux; d'autant qu'il ne se peut rien trouuer en toute l'Escriture, ni de plus à propos, ni de plus expres, en tel suject: nous y estant remarquee vne prouidence admirable de Dieu, non seulement en general, mais aussi en particulier, pour la conseruation de ceux qui recourent à luy, comme à celuy qui dispose de toutes causes secondes, & en conduit les euenemens pour sa gloire, & la consolation des siens, comme il se verra plus à plein en nostre* Meditation: *en laquelle si nous n'auons peu dignement representer les figures, les nombres, & l'elegance de ce poëme, lequel en sa langue surpasse tout ce qui se peut trouuer de plus releué entre les Grecs & Latins, nous auons tasché d'en exprimer le sens,*

& d'en monſtrer l'vſage, à l'edification & conſolation de l'Egliſe, en ce beſoin. Le Seigneur y veuille adiouſter ſa benediction.

MEDITATION

Sur le Pseaume XCI.

SEIGNEVR ie sçay *a* qu'il y a comme vn train de guerre ordonné aux mortels sur la terre, & que leurs iours sont comme les iours d'vn ouurier à loüage Que les dangers m'enuironnent de toutes parts ; les dangers spirituels & temporels. Que ie ne me puis promettre vne heure de paix & de repos asseuré; si ie regarde, le nombre & le pouuoir de mes ennemis, comparé à ma foiblesse & à mon impuissance. Si ie me mets deuant les yeux tout ce qui peut attenter à ma vie, alterer la santé de mon corps, abbreger mes iours, & les finir en moins d'vne heure. Mon corps est vne maison d'argille, le peché & la mort y

a Iob 7. v. 1.

habitent, & le rongent peu à peu. Les passions de toutes creatures se rencontrent & aboutissent en l'homme, comme en leur centre, pource qu'il est aussi vn abbregé de tout le monde. Si sa vie est prolongee, c'est pour y voir plus de maux, pour endurer plus de peines, & commettre plus de pechez. Il y a beaucoup d'amertume, peu de douceur: Elle est fragile & caduque, plus elle croist, plus elle tend à sa fin. L'entree de ceste vie, est le commencement de la mort: Nos annees ne peuuent estre accreuës, sans diminuer. Le passé nous cause de la douleur, le present nous donne du labeur, l'aduenir nous fait craindre le malheur. En ceste consideration, ie trouue qu'il y a du bon heur en ceste necessité, quand elle nous fait recourir à Dieu, qu'elle nous fait crier vers luy; ou pour estre deliurez du tout, ou pour receuoir quelque adoucissemẽt, ou pour estre fortifiez, ou pour estre sauuez. Chacun a sujet en tout temps
b Ps 55. de *b reietter sa charge sur l'Eternel*: Car
v. 23 il n'y a personne qui ne doiue gemir
1. Pier. 5 sous le faix. Mais quand les calamitez
v. 7.

publiques, nous tesmoignent que Dieu est irrité; que la guerre, comme vn torrent & desbordement d'eaux, rauage par tout: que la famine, mauuaise conseillere, nous fait sentir que Dieu en plusieurs lieux a rompu le baston du pain, que la peste vendange quantité de personnes, l'Ange destructeur frappant à tour de bras, par le commandement de Dieu; à qui aurons nous recours, sinon à celuy, qui appaise les flots de la mer agitee: qui enuoye la pluye en sa saison, qui c *respond aux cieux, afin qu'ils respondent à la terre, & que la terre responde au froment & au bon vin & à l'huyle, & qu'iceux respondent à Israel*? A celuy qui dit à d *l'Ange c'est assez, retire à ceste heure ta main?* Ce temps nous fournissant tant d'exemples de ses chastimens publics, & particuliers, & ses verges estans tout en vn coup desployees, qui ne tremblera quand il y pense? Mais en vn si iuste suiet de crainte, le fidele a matiere d'esperer, si auec le Psalmiste il recognoist, que

c Hos. 2. v. 21. 22

d 2. Sam. 24. v. 16

1. *Celuy qui reside en la cachette du souuerain se loge à l'ombre du Tout-puissant.*

Il n'y a personne qui se puisse cacher à Dieu : pource que toutes choses luy sont presentes, & n'y a rien qu'il ne trouue. C'est folie de se vouloir cacher arriere de sa face, & se soustraire à sa iustice. Il a les yeux trop clair-voyans, & les mains trop longues beaucoup plus que les Roys, pour lesquels tant d'yeux sont ouuerts, tant d'oreilles tenduës, & tant de mains employees. Encore tous ceux-là ne voyent-ils pas tout, & ne peuuent atteindre par tout. Plusieurs crimes se commettent en cachette, qui ne viennent iamais à leur cognoissance. Mais c'est en vain qu'on pretend tromper les yeux de Dieu. e *Quelqu'vn se pourroit-il cacher en quelques cachettes que ie ne le voye point? dit l'Eternel : ne rempli ie pas moy les cieux & la terre?* Si on ne luy peut cacher les crimes, aussi peu se peuuent cacher les criminels: on ne se peut non plus cacher contre les peines, quand il veut punir. Car f *il fera que la gresle raclera la retraicte de mensonge ; & que les eaux noyeront la cachette.*

e Ierem. 23. v. 24

f Esai. 28. v. 17

Quoy donc, n'y en a-il point contre les

les dágers qui nous menacét? Nõ certes hors de Dieu ny cõtre Dieu: On ne ſe peut cacher *de luy*; mais on ſe doit cacher *en luy*; il y a refuge & cachette aſſeuree chés lui, cõtre tout ce qui cerche noſtre vie: g *Il me cachera en ſa loge au mauuais temps, il me tiendra caché en la cachette de ſon tabernacle, il m'eſleuera ſur vn rocher.* Or *celuy qui reſide en la cachette du ſouuerain, ſe loge à l'ombre du tout puiſſant.* Qui qu'il ſoit qui prenne cette reſolution, il y eſt receu. Elle n'eſt fermee à perſonne qui y veut accourir. La protection des hommes eſt ſouuent refuſee aux pauures, qui en ont plus de beſoin. Dieu n'a point d'acception de perſonnes, & ne regarde point aux qualitez temporelles, comme les hommes, leſquels penſans au beſoin qu'ils pourront auoir des autres, eſtans eux meſmes ſubjets à infirmité, font choix de ceux qu'ils veulent aider, ſelon qu'ils recognoiſſent qu'ils leur pourront eſtre quelque iour en aide. Icy n'y a point de diſtinction de grands ou petits, Princes ou ſubjets, nobles ou roturiers. Quiconque ſoit l'homme, qui cerche

g Pſ. 27. v. 5.

cette retraicte auec foy, il la trouuera ouuerte, & y sera receu. Mais pour y estre tousiours en seureté, il ne s'en faut iamais departir. Il ne faut pas y passer comme en vne hostelerie, ou s'y tenir pour peu de temps comme ceux qui passans chemin, & surpris par la pluye, se mettent à couuert sous vn arbre, pour s'en retirer incontinent apres l'orage cessé. Cette cachette n'est profitable, qu'à celuy qui y *habite*, & y faict comme vne election de son domicile. La *residence* continuelle est necessaire, & si on s'en absente on trouue Dieu absent par tout ailleurs, quoy qu'il soit present par tout; mais non pour la protection de ceux qui font leur demeure ailleurs que chez lui. Ceux qui *habitent* en eux mesmes, & y bastissent leurs places de seureté, *habitent* en vn lieu mal sain, & mal asseuré. Ceux qui habitent chez les hommes les plus puissans, esprouuent leur foiblesse au besoin, & trouuent que ce n'est que chair: En somme, toutes ces habitations font ventre, sont creuassees, & menacent par leur ruine, d'accrauanter ceux qui s'y fient. Elles ne sont point inaccessibles aux ennemis, sur tout aux executeurs des vengeances de Dieu, qui ne trouuent maison en Egypte, non le palais du Roy mesme, où ils n'entrent facilement. Mais ceux qui n'ont que de foibles murailles; ou des tabernacles ouuerts, *habitans* d'ailleurs *en la cachette* de Dieu, dorment en repos, & au matin ne trouuent point en leur maison matiere de dueil. Car ils sont logez chez le *souuerain*, chez le *tres-haut*, où le mal ne peut atteindre; Toutes choses sont au dessous de luy, despendent de luy comme *inferieures* de leur *superieur*. Car *h qui est semblable à l'Eternel nostre Dieu, lequel habite és lieux tres hauts?* h Ps. 113. vers. 5. Ceux qui habitent par vne viue foy en sa *cachette*, sont en vne haute retraicte; & comme ceux qui regardent de haut, voyent les choses basses fort petites; puis mesmes qu'en comparaison du ciel, la terre n'est que comme vn poinct; que pourroient sembler, à qui regarderoit de là les plus hautes montagnes, qui nous semblét icy toucher le ciel de leur cime? Ce-

luy qui *habite en la cachette du tres-haut*, que pensera t'il donques de tout ce qui se peut apprehender icy bas? Certes les armees ennemies plus puissantes, luy seront moins que des fourmillieres de petits animaux, les dangers, les tourments, & toutes afflictions, ne seront que choses menuës & legeres, à les voir de si loin; se tenant au tres-haut, les fideles pour-
i Rom. 8. v. 30. ront dire, *i Si Dieu est pour nous qui sera contre nous?* Et encore, *k Qui nous sepa-*
k Ib. v. 34. 36. 37. 38. *rera de la dilectiõ de Christ? sera ce oppression, ou angoisse, ou persecution, ou famine, ou nudité, ou peril, ou espee? Ains en toutes ces choses, nous sommes plus que vainqueurs, par celuy qui nous a aimé.* Ils pourront encor' adjouster auec l'Apostre, vne opposition de leur conjonction auec Dieu, (en la cachette duquel ils resideront, sans en pouuoir estre chassez;) à toutes les puissances, *de la mort, de la vie, des Anges, des principautez, des choses presentes & à venir, de la hautesse, de la profondeur & de toute creature.* Et sous quelle caution tout cela? Certes bonne & vallable, pource *qu'habitant en la cachette du*

ſouuerain, ils ſeront *logez à l'ombre du tout puiſſant*. Le iuſte Loth ayant receu en ſa maiſon des Anges qu'il penſoit eſtre des hommes, faiſoit tout ſon pouuoir, pour les garentir contre la violence des habitans de Sodome ; *ne faictes rien*, *l* diſoit-il, *à ces perſonnages : car pour cela ſont ils venus à l'ombre de mon toict*. Mais ce n'eſtoit pas *l'ombre du tout puiſſant*, Ce toict ne les euſt peu garentir, s'il n'euſſent eu que cette protection ; ils ſeruirent eux meſmes *d'ombre* à leur hoſte, & bien luy prit de les auoir ſous *ſon toict*, pour fraper d'aueuglement ceux qui le vouloiẽt violer. Le *tout puiſſant* eſtoit auec eux, comme auec les miniſtres de ſa iuſtice, qui font *ombre* par ſon commandement, à ceux qui ſe logent chez luy. C'eſt bien vne autre *ombre* que celle du *m* Kikajon de Ionas, qui auoit monté en vne nuict & couuert ſa loge, mais eſtant rongé par vn vermiſſeau, fut auſſi toſt fleſtri, & luy expoſé à la grande ardeur du Soleil. Telle eſt *l'ombre* des grands de la terre, & de tout ce qui nous peut couurir, ailleurs qu'en la maiſon de Dieu.

l Geneſ. 19. v. 8.

m Ionas 4. v. 5. & 6.

C'est vne courte joye, de laquelle estans frustrez nous sommes reduits
n Ib. v. 8 à vn *n euanoüissement & à faire requeste pour nostre ame*, iusques à preferer *la mort à la vie*. Mais celuy qui *loge à l'ombre du tout puissant*, y passera non seulement les iours en seureté, mais aussi durant les * *tenebres de la nuict*, il y *reposera* en asseurance; & lors que les tenebres couurent la terre, il se trouuera couuert de la protection de Dieu: En ce *logement*, Il pourra dire, *Ie me suis couché, ie me suis endormi, ie me suis éueillé, car l'Eternel me soustient*. C'est le *tout-puissant le Schaddaj*, * suffisant à soy mesme, & qui contient tout en soy: qui renuerse & * *destruit* tout ce qui s'oppose à sa volonté, ayant pouuoir de reduire tout à neant, ce qu'il a tiré du premier *rien*. Ce qui est conuenablement exprimé par le nom de *tout-puissant*. Si nous ne pouuons rien, il peut tout: si nous auons faute de tout, il suffit pour tout. Les puissances les plus hautes, sont impuissantes à son égard elles n'ont pouuoir que de luy, & si elles le veulent employer contre luy, elles se ployent elles mes-

* *Le verbe* לין Lin, *signifie* Passer la nuict *& gister.*

* *à* ש & די *qui est suffisant.*

* *à* שדד *vastare.*

mes, & perdent toute leur force. Donc, celuy qui est si bien *logé*, n'a rien à craindre, il est à couuert de tous dangers, sejournant chez celuy, duquel la volonté est la mesure de toutes choses, & la parole est l'execution de l'œuure, és promesses duquel ne peut se trouuer aucune fausseté, pource qu'à les accomplir n'y a aucune difficulté, beaucoup moins d'impossibilité.

Qui est ce qui sera deüement persuade de cette verité, qui en suite ne prenne vne saincte confiance de son assistance au besoin? qui ne recoure à cette *cachette*, qui ne cerche ce *logement*, pour y passer les iour & les nuicts? Qu'il ne craigne point d'estre rebutté, comme s'il n'y auoit point de *logement* pour luy, s'il n'a dequoy payer. La porte est tousiours ouuerte en la loge du tout puissant, non à celuy qui apporte de l'argent, ou des presens; mais à celuy qui desnué mesme de tous moyens, & de tout secours humain, porte auec vne ferme foy, vne humble recognoissance de son infirmité, & de son besoin extréme, pour ne mettre ailleurs sa fiance, que en la bonté & puissance de son hoste gracieux. Alors il sera couuert de son ombre & de sa rondelle, & nul mal ne l'atteindra, sous le toict de celuy qui est plus fort que tous; qui est en toutes choses, non enclos, hors toutes choses, non exclus. C'est celuy qui m'a instruit, quand i'estois ignorant, qui m'a r'amené, quand i'estois errant; qui m'a corrigé, quand i'ay peché; qui m'a soustenu, quand i'ay esté debout; qui m'a redressé, quand ie suis tombé: qui m'a conduit, quand i'ay cheminé; qui m'a recueilli, quand ie suis venu chez luy. Parquoy,

2. *Ie diray à l'Eternel, tu es ma retraitte, & ma forteresse, mon Dieu en qui ie m'asseure.*

Comme ie croy de cœur, ainsi ie parleray *à l'Eternel*; ie parleray aux autres *de l'Eternel*; ie luy diray ce que ie croy de luy, quelle est ma confiance en luy; non pour luy faire entendre ce qu'il sçait mieux que moy; mais pour luy faire vne recognoissance des biens que ie croy de luy. En luy rendant cét hommage qui luy est deu, ie me fortifieray en l'attente de sa grace qui ne m'est pas deuë ; & de laquelle il est liberal enuers moy, qui luy dois tout. Ie parleray de luy & de sa bonté à ceux qui n'ont pas tant d'experience que moy, & qui n'en ont pas moins de besoin, afin qu'ils recourent à celuy qui m'a recous tant de fois, & qu'à mon exemple, apres auoir obtenu son secours, ils parlent aussi comme moy *à l'Eternel.* Ie leur enseigneray en quels termes ils doiuent parler à luy, apres auoir bien cognu celuy auquel il faut parler. C'est *l'Eternel*, le mesme que i'ay appellé le *souuerain*, & le *tres-haut*, le *tout-puissant*, qui donne *l'estre* à toutes choses, & qui les entretient en l'estre qu'il leur a donné, & qu'il leur peut oster quand il veut. Tant de noms, quoy que d'excellente signification, ne peuuent pas exprimer, ni vn par vn, ni tous ensemble, ce qui est infiniment en luy, d'estre, de bonté, de sagesse, & de puissance. Mais ce nom *d'Eternel*, est celuy par lequel il se

faict mieux cognoistre, inuariable, immuable, tousiours semblable à soy-mesme. Mais comment oseray-je parler à vne si grande maiesté, ou dignement parler de luy aux autres, moy qui suis poudre & cendre? Ie le feray pource qu'il me le commande, pource aussi qu'il me
o Ps. 14. donne matiere de parler. *o L'insensé a*
v. 1. *dit en son cœur il n'y a point de Dieu.*
Mais moy ie *diray* en mon cœur, non seulement qu'il y a vn Dieu, *l'Eternel*; ains encore, *Tu és ma retraicte*, luy diray-je, *mon refuge*, auquel jay recours, quand ie suis pressé. Car ie ne me trouue point ailleurs en seureté que sous ta protection. Mon plus court c'est de me *retirer* prés de toy. *Quand mon pere & ma mere m'auroient abandonné, toutesfois l'Eternel me recueillira.* Où me *retireray*-je doncques auec telle confiance, puis que ses compassions & son accés me sont plus asseurez que les entrailles qui m'ont por-
q Ps. 46. té? *q Dieu nous est retraitte & force &*
v. 2. *secours és destresses, & fort aisé à trouuer.*
r Ps. Que trouueroy-ie ailleurs qui me
143. v. 5. 6. contentast? *r Ie contemploy à ma dextre*

& regardoy, & il n'y auoit perſonne qui me recognuſt: tout refuge me defailloit; & n'y auoit perſõne qui euſt ſoin de mon ame. Eternel, ie me ſuis eſcrié vers toy: i'ay dit, tu es ma retraitte, & ma portion en la terre des viuans. Voilà mon partage aſſis en bon fonds, ſ *En la crainte de l'Eternel y aura ferme aſſeurance, & y aura retraitte pour ſes enfans.* Ce n'eſt pas vn petit aduãtage à ceux qui ſont ſubiets à diuerſes attaques d'ennemis, & qui ſont foibles en eux-meſmes, d'auoir vne retraitte aſſeuree, pour ſuppleer au defaut de leur force, & ſe mettre à couuert. Il s'en trouue quelques vnes entre les hommes, mais il n'y en a point qui nous puiſſe couurir en toutes occaſions. Telle pourra ſeruir en vn temps, laquelle, en vn autre, ſera inutile; & ſouuent meſme nuiſible, pource qu'on y aura mis trop de confiance, & qu'on ſe ſera endormy là deſſus, ſans prendre garde à ſoy. Car les retraittes humaines, ont beſoin de gardes, autrement il n'y en a point d'aſſeuree. Mais la *retraitte* qui eſt en Dieu, eſt du tout imprenable; Elle garde inuiolablement ceux qui

ſ Pro. 14. v. 26

s'y retirent. Ie diray donc à l'Eternel *tu es ma retraitte*, j'adiousteray encore *tu és ma forteresse*, pour exprimer la
t Ps. qualité de ma retraicte par sa force. *t*
104. v. *Les hautes montagnes sont pour les cha-*
18. *mois, & les rochers sont la retraite des Connilz.* En telles forteresses, les bestes sont souuent plus aduantagees que les hommes. Il me faut vn autre rocher & vne autre forteresse. Et
u Prov. quelle? *u Le nom de l'Eternel est vne forte*
18.v.10 *tour, à laquelle le iuste courra, & y sera*
y Ps. 9. *en hauteretraitte*: I'y courray donc-
v.10. ques, & *y l'Eternel sera vne haute retraitte à celuy qui sera foulé, vne haute retraitte au temps qu'il sera en oppreßion.* Ie m'y esleueray donc par les aisles de la foy, je grimperay sur cette haute roche, je
z Esai. diray à mon Dieu: *z Tu as esté la force*
25.v. 4. *du souffreteux, refuge à l'encontre du desbordement, l'ombrage contre le hale.* O
a Ps. 31. Seigneur *a sois moy comme vne forte ro-*
v. 3. & *che, & pour vne maison bien munie, afin*
4. *que ie m'y puisse sauuer. Car tu és mon rocher & ma forteresse, & pourtant pour l'amour de ton nom mene moy & me condui.* Il m'est du tout necessaire que tu m'y conduises, & m'y enleues, car autrement,

ment, cette *broche eſt trop haute pour* b Pſ.61.
moy. Alors ie ne craindray plus, en v.3.
cette guerre qui m'eſt liurée, aucunes ſortes d'ennemis, ou temporels, ou ſpirituels; il n'y aura point d'accés pour eux, au lieu auquel tu m'auras mis. *Car tu m'as eſté pour retraitte, & pour vne forte tour au deuant de l'ennemi.* En vn mot, & pour comprendre tout, tu es *mon Dieu, en qui ie m'aſſeure.* Car apres auoir bien penſé à tout ce que ie pourroy dire, & repreſenté par diuerſes ſimilitudes de cachette, ombre, retraitte, forteresſe, & ſemblables, ce que ie dois cercher en toy, & attendre de toy; ie n'en diray pas tant, que ce ſeul mot en comprend, *mon Dieu*, m'attribuant en vertu de l'alliance que tu as faicte auec les tiens, la proprieté de cette grande poſſeſſion, de celuy qui me poſſede; qui eſt le Dieu de tout le monde, mais ſingulierement *le Dieu*, le protecteur, & le conſeruateur de ſon peuple; & l'eſt tellement de tous les ſiens, qu'il eſt auſſi *le Dieu*, d'vn chacun d'eux, ſans que la generalité deſroge à la ſpecialité, ni au contraire. D'où aduient, qu'il a telle-

ment ſoin *d'eux tous*, que cependant il ſe trouue auſſi prompt à ſecourir, conſeruer, entretenir & defendre vn *chacun* d'eux, comme s'il n'auoit l'œil que ſur vn ſeul. C'eſt ce qui donne hardieſſe à la foy d'vn chacun fidele de le dire *ſien*, & mettre ſon eſperance & ſa confiance en luy ſeul. Ie le fay donc Seigneur, car tu es *mon Dieu en qui ie m'aſſeure*. Pourquoy ne le feroy-je apres tant de promeſſes aſſeurees; pourquoy douteroy-je encore, apres tant d'experiences, en moy, hors de moy, en tout temps, & en tous aages. Si ie r'appelle la memoire des ſiecles paſſez, qui s'eſt iamais trompé de s'eſtre *aſſeuré* en toy? Qui a iamais eſté rebuté, apres auoir mis ſon eſperance en toy? Si ie conſidere le preſent, n'es tu pas touſiours de meſme, pres de tous ceux qui t'inuoquent en verité. d*Bien heureux eſt le perſonnage qui ſe confie en L'eternel, & duquel l'Eternel eſt la confiance*. Car ſi ſon bon-heur n'eſt cogneu ſur l'heure, quand les profanes ſemblent poſſeder la graiſſe de la terre, & les enfans de Dieu, boire l'eau d'angoiſſe; le

d Ierem. 17. v. 7.

temps viendra neantmoins, auquel ils *e sçauront* par experience *que tu es l'E-* e Esai. 49. v. 23
ternel, & que ceux qui s'attendent à toy ne seront point honteux. Et quand mesme tous les temps se passeroient, sans qu'ils fussent deliurez, l'Eternité ne se passera point, en laquelle ils viuront, en laquelle, l'esperance sera abolie par la iouyssance. A bon droit donc *f nostre ame s'est attenduë à l'Eternel, il est* f Ps. 33. v. 20. & 21.
nostre aide & nostre bouclier. Certainement nostre cœur s'esiouïra en luy, pource que nous auons mis nostre asseurance en son sainct nom. Qui que tu sois donc, si tu veux croire mon conseil, qui est celuy du sage, *g confie toy en l'Eternel de* g Prou. 3. v. 5.
tout ton cœur, & ne t'appuye point sur ta prudence. Si tu le fais,

3. *Certes, il te deliurera du laqs du chasseur, & de la mortalité malencontreuse.*

La condition de l'homme ici bas, & notamment des enfans de Dieu est telle, que leur vie n'est pas moins aguettee que celle des pauures bestes de la terre, ou des oyseaux du ciel, lesquels non seulement sont poursuiuis & chassez par ceux de mesme genre, mais aussi par ceux de mesme espece. Il y a des bestes sauuages qui ne viuent que de proye. Il y a des oyseaux qui deschirent les autres, & se paissent de leur chair. Les vns & les autres sont non seulement fournis de griffes & d'ongles, mais aussi pourueus de subtilité & d'adresse pour dresser des embuches à ceux qu'ils veulent attraper. Mais encore outre tout cela, l'homme, auquel la domination a esté donnée sur tous autres animaux, en prend les vns par force, & trouue moyen par finesse de se faire maistre des plus sauuages. Et toutesfois luy mesme est souuent la proye de ses subjets, & se trouue chasśé & pris, lors qu'il pense prendre. Mais le plus grand mal est que l'homme est loup à l'homme; qu'entre les hommes il y en a de plus dangereux que les bestes sauuages, & que les Oyseaux de poing : comme ces puissans chasseurs deuant l'Eternel, tels que *b* Nimbrod, qui ne sont ni chasseurs, ni pescheurs d'hommes,

b Genes. 10. v. 9.

pour nourrir & appriuoiser, mais pour les perdre & destruire.

Encore n'est ce pas là le pis. Il y a des chasseurs spirituels, qui tendent des laqs à l'ame, pour la mettre dans leur filé, & y en a vn nombre presque infini. Les esprits qui ont laissé leur origine, ne sont point en repos & ne dorment point. Ils ont des laqs tendus par tout, & se seruent des hommes mesmes, pour surprendre les autres, comme ceux qui ont des oyseaux appriuoisez, pour attrapper les sauuages. Ils inuentent mille moyens, tellement qu'à peine peut on marcher sur des cendres, qu'on ne sente du feu caché dessous. Le denombrement de ces laqs & trapusses seroit trop long. Le nombre de ceux qui y sont pris, ne le verifie que trop: & c'est merueille, que l'homme qui est doüé de raison, les apprehende moins, & pense moins à en eschapper, que les bestes, & les oyseaux, qui n'ont qu'vn instinct naturel. Il n'y a que ceux qui sont instruits en l'Eschole de Dieu, qui cognoissent & preuoyent les dangers; au moins,

pour bien cercher le moyen de s'en garentir. Plusieurs mesmes ne pensent pas qu'il y ait du danger, & se plaisent dans les laqs dans lesquels ils sont pris. Mais ceux qui apprennent des Prophetes, que Dieu souuent en son ire enuoye ces chasseurs, en sentent autrement. Ce message leur est
i Ierem. 16. v. 16 effroyable, *i voicy, ie m'en vay mander à plusieurs pescheurs dit l'Eternel, & ils les pescheront; & apres cela ie m'en vay mander à plusieurs veneurs, qui les veneront par toutes montagnes, & par tout costau, & par tous les pertuis des rochers.* Et quand ils ont senti cette chasse à leurs despends, alors ils se lamentent,
K Lam. 3. v. 51. k *Ils m'ont* disent ils, *vené à outrance, comme on chasse apres l'oyseau.* A cela
l v. 55. quel remede? *l I'ay inuoqué ton nom,* disent ils, *au milieu des basses fosses.* Ne vaut-il pas bien mieux deuant qu'y tomber, recourir à celuy, *qui te deliurera du laqs des chasseurs.* Certes
m Ps. 141. v. 10. nous n'aurons pas si tost dit *m Garde moy du laqs qu'ils m'ont tendu, & des tresbuschetz des ouuriers d'iniquité,* qu'il
n Ps. 124. v. 7. nous donnera matiere d'adiouster, *n Nostre ame est eschapee comme l'oyseau du*

laqs de l'oyseleur, le laqs a esté rompu, &
nous sommes eschapez. Item o *Les na-* o Ps. 9.
tions, ont esté enfondrees en la fosse qu'elles v. 16.
auoient faicte, leurs pieds ont esté pris au
filé qu'elles auoient caché.

Mais entre tant de chasseurs, qui tendent leur laqs à l'homme, le plus vniuersel & ordinaire c'est la mort, laquelle cerche & trouue de la proye par tout; & en certains temps plus qu'en d'autres, sa chasse est plus frequente, & sa prise plus commune. Elle a par tout ses chiens & ses rets, notamment, quand les maladies populaires & contagieuses ont cours. Alors l'Ange destructeur, comme maistre de sa venerie court par tout & trouue par tout à prendre: les laqs de la mort tendus de tous costez enlacent ieunes & vieux, pauures & riches. Quel moyen pour euiter cela?
En voicy vn infaillible, p *Les cordeaux* p2. Sam.
du sepulchre m'auoient ceint, les lacqs de la 22. v. 6.
mort m'auoient surpris. Quand i'ay esté en
aduersité i'ay crié à l'Eternel. Et qu'a-il
fait? q *Il m'a fait sortir au large, il m'a*
deliuré. Car c'est luy qui *deliure de la* q v. 20.
mortalité malencontreuse. Ne pense point

que tes precautions puissent seruir sans luy, que la retraitte en autres lieux, te puisse exempter de *malencontre*, si tu ne rencontres Dieu en ton chemin comme ton protecteur & garent. Hors ceste occasion mesmes de la *mortalité & pestilence*, les jeunes ont-il pas la mort derriere eux, les vieux deuant eux, & l'ennemy ne peut-il pas nuire d'auantage quand nous l'auons à dos dressant des embusches, que quand nous l'auons deuant nos yeux se preparant au combat? Qui nous asseurera contre les trois messagers de la mort, sinon celuy qui *deliure de la mortalité malencontreuse*? l'euenement qui nous est fortuit, nous doit faire penser à la mort cachee; l'infirmité & maladie, à la mort apparente; & la vieillesse, à la mort presente. Or afin mesme que celle qui est *necessaire* & inéuitable, ne nous soit point nuisible & *malencontreuse*; Et que celle, laquelle autrement nous pourroit rencontrer & abbatre deuant le temps, ne nous enlace point, combien qu'il n'y ait point en nous de defense qui luy puisse resister; que chacun fidele en ceste apprehension, die en son cœur,

4. *Il te couurira de ses plumes, & auras retraitte sous ses aisles, sa verité te seruira de rondelle & de targe.*

Il pourroit sembler que des aisles & des plumes seroient vne couuerture bien legere, & trop foible retraicte, contre de puissans ennemis. Mais qui ne sçait qu'entre les oyseaux, desquels la similitude est tiree, il y en a qui ont les plumes plus fortes que les autres, & qui sont capables de garentir leurs petits, contre tous autres de leur sorte. Si l'aigle est le Roy des autres oyseaux, & garentist ses aiglerons encore foiblets, penserons nous que Dieu ne pourra pas faire le mesme pour la conseruation des siens? Ne l'a t'il pas fait iadis pour son Israël? r *Comme l'aigle émeut sa nichee, couue ses petits, estend ses aisles: les accueille & les porte sur ses aisles, l'Eternel seul l'a conduit.* Bien est vray, que cette comparaison ne regarde pas tant la force, que le soin & l'affection la-

r Deut. 32. v. 11. & 12.

quelle eſt attribuee à Dieu à l'eſgard de ſes enfans, & laquelle auſſi le Seigneur repreſente, par l'inſtinct naturel de la poule, *ſ combien de fois ai-je voulu aſſembler tes enfans, comme la poule aſſemble ſes pouſsins ſous ſes aiſles?* Elle a cette couſtume principalemẽt, quand elle les void en peril, & qu'elle apperçoit le milan qui ſe veut ietter ſur eux. Mais en la comparaiſon, combien de diſconuenance, ſi nous regardons à la puiſſance de Dieu, & à l'infallibilité de l'euenement qu'il ſe propoſe? Car ces oyſeaux n'obtiennent pas touſiours le fruict de leur ſoin; & la poule ne peut ſi bien faire, que ſouuent ne luy en ſoit rauy quelqu'vn. Mais celuy *t qui eſt plus fort que tous*, ne permettra iamais qu'aucun des ſiens *ſoit raui de ſa main*, par aucune puiſſance ennemie. Il n'a pas moins de puiſſance, que de bonne volonté, & nous pouuons dire aſſeurément que *u ſanté eſt en ſes aiſles. x O Dieu, combien eſt precieuſe ta gratuité! auſsi les fils des hommes ſe retirent ſous l'ombre de tes aiſles.* C'eſt vne ombre ſalutaire & agrea-

ſ Matth. 23. v. 37.
t Iean 10 v. 28.
u Mala. 4. v. 2.
x Pſ. 36. v. 8.

ble, *y vn ombrage contre la chaleur, & y* Esai.4
pour refuge & cachette contre la tempeste v. 6.
& la pluye. Tout autre ombre, sans celle là, ne nous mettra pas à couuert de tant de maux qui nous menacent; non pas mesme z *l'ombre de la sa-* z Eccles.
pience, preferee à bon droit, par le sa- 7.12.
ge, à *l'ombre de l'argent*, sinon, entant que cette sapience nous conduit à celuy qui est la sagesse mesme, & nous apprend à l'inuoquer & dire, a *Garde* a Ps.17.
moy comme la prunelle qui est en l'œil, & v.8.
me cache sous l'ombre de tes aisles.

Mais qui me donnera cette hardiesse pour m'aduancer iusques là, & courir pour me mettre à couuert sous cette ombre? Oseray-ie bien m'en preualoir? & qui m'asseurera que i'y seray le bien venu? sous quelle caution? Escoute si tu es en doute, *sa verité te seruira de rondelle & de targe.* Recours donc à sa parole, pour y lire ce qu'il a promis. b *Tu cercheras l'Eternel* b Deut.
ton Dieu & le trouueras, d'autant que tu 4. v.29.
l'auras cerché de tout ton cœur, & de toute ton ame. Item c *Demandez & il vous* c Matth.
sera donné, cerchez & vous trouuerez, 7. v.7.
heurtez & il vous sera ouuert. Voila le commandement, auquel est anne-

xec la promesse; & Dieu est veritable
en tout ce qu'il promet. Il n'est pas
comme l'homme qui change & se re-
d Num. tracte ; *d il a dit & ne fera il point? il a*
22.v.23. *parlé & ne ratifiera il point?* e ô Seigneur
e2.Sam. *tu es Dieu, & tes paroles sont veritables.*
7.v.28. Cette *verité* me console & me fortifie, *f*
f Ps. 57. *ta gratuité est grãde iusqu'aux cieux, & ta*
v.11. *verité iusques aux nuës.* *g Tu as donné vne*
g Ps.6. *banniere à ceux qui te craignent, afin de*
v.6. *l'esleuer en haut, pour l'amour de ta verité.*
Sous cette banniere *esleuee*, si nous
auons à combattre, nous le ferons
sous le bouclier & sous la targe de la
verité. Nous n'aurons point à craindre les dards anflambez du malin, ni
les flesches descochees de ceux qui
cerchent nostre vie; *Eternel, h* diray-je,
h Ps. 3. *tu es bouclier autour de moy: ma gloire &*
v.4. *celuy qui me fais leuer la teste.* *i Tu beniras*
i Ps.5.v *le iuste, & l'enuironneras de bien-veillan-*
3. *ce, comme d'vne rondelle.* Les targes &
rondelles desquelles se seruent les
soldats à la guerre, ne peuuent couurir qu'vn costé, & y en a peu qui
soient à l'espreuue des armes à feu;
Ou s'il y en a, elles sont si pesantes &
incommodes, qu'à peine s'en peut on
seruir.

seruir. Mais celles que nous auons en la verité des promesses de Dieu, sont d'vne toute autre nature. Elles enuironnent de toutes parts celuy qu'elles couurent, & ne laissent aucun costé descouuert. Elles le gardent deuant & derriere, à droite & à gauche. Qui plus est elles sont à toutes espreuues, & n'y a coup qu'elles ne puissent r'abbatre; poincte, qu'elles ne puissent reboucher. Quelque bras qui porte le coup, il y perd ses escrimes, non seulement celuy des hommes forts, mais ceux de toutes les portes d'enfer. Finalement, au lieu de peser & charger elles allegent, & portent plus qu'elles ne sont portees. Telles sont les targes & les rondelles de la *verité* de Dieu. De sa *verité* en toute sa parole; de sa *verité* en ses menaces contre ses ennemis: de sa verité, sur tout en ses promesses faictes aux siens: de sa *verité*, non seulement en dits; mais principalement, de sa verité en faicts; qui ne sont iamais separees, car il faict ce qu'il dit & promet. C'est k *le bouclier de la foy.* l *Toute parole de Dieu est esparee, & iceluy est vn bou-*

k Ephes. 6. v. 16.
l Prou. 30. v. 5.

clier à ceux qui ont refuge vers luy. Si donques tu veux marcher seurement au millieu de tant de dangers qui se trouuent au monde, & qui sont liurez à l'homme, par l'air infecté, par les eaux corrompuës, par le feu deuorant, par la terre iettant ses vapeurs pestilentieuses; par tous les elemens, par les bestes, par les hommes mesmes: en toutes les actions, en tous tes affaires, en prosperité, en aduersité; pren le bouclier & la rondelle de verité; feuillete le liure de Dieu, ne te confie point és discours des hommes menteurs & flateurs, *m qui appellent le mal bien, & le bien mal, qui font les tenebres lumiere, & la lumiere tenebres, qui font l'amer doux, & le doux amer.* Condui toy par cette *verité* en l'estime de toutes choses, pour donner à vne chacune son poids & son prix. Alors tu sçauras bien distinguer le temporel & terrestre, d'auec le spirituel & celeste; les choses permanentes, d'auec les caduques & perissables; alors, tu ne craindras les maladies ni la disette, n'affecteras point les honneurs de ce siecle, nulle

m Esai. 5. vers. 20.

aduersité ne te terrassera ; nulle prosperité ne t'enorgueillira; Ce bouclier luysant de la verité te dessillera les yeux, mesmes au milieu des tenebres il t'esclairera : Et ainsi aduiendra, que

5. *Tu n'auras peur de ce qui espouuante la nuict, ni de la Flesche qui vole de iour.*

Dieu disoit à Abraham, n *Ne crains point, car ie suis ton bouclier.* Il s'ensuit donc que ceux qui ont la *verité* de Dieu pour *targe & rondelle*, n'ont rien à craindre. Mais de ceux qui l'abandonnent; *ie feray* o dit l'Eternel, *venir vne lascheté en leur cœur quand ils seront au pays de leurs ennemis, tellement que le bruit d'vne feuille emeuë les poursuiura: & ils fuiront, comme s'ils fuyoient de deuant l'espee, & tomberont sans qu'aucun les poursuiue.* Et encore, p *l'Eternel te donnera vn cœur tremblant, & defaillance d'yeux, & destresse d'ame: Et ta vie sera pendante deuant toy, si seras en effroy nuict & iour, & ne seras point asseuré de ta vie. Tu diras au matin, qui me fera voir le soir, &*

n Gen. 15 v. 1.

o Leuit. 26. 36.

p. Deut. 28. 65. & 1.

au soir tu diras qui me fera voir le matin? à cause de l'effroy de ton cœur dont tu seras effroyé, & à cause de ce que tu verras de tes yeux. Ces espouuentemens arriuent quelques fois combien qu'il n'y ait aucun sujet de craindre: Mais en la nuict principalement, les tenebres mesme font horreur, & le silence espouuente. Tant de diuers objects estans ostez de deuant les yeux, la pensée s'arreste sur des choses tristes, & la solitude de la nuict engendre diuerses sollitudes. C'est aussi le temps plus propre aux embusches & aux surprises. C'est lors que le prince des tenebres est plus en son regne, & qu'il suscite des apprehensions plus fortes és esprits infirmes. C'est aussi en la nuict le plus souuent, que l'Ange destructeur passe par les maisons, & qu'on se trouue attaqué de mal, lors que le sommeil s'enfuit de deuant nos yeux. Contre tout cela, comment se peut on munir? q *Voici le* q Cant. 3 v.7.
lict de Salomon, à l'entour duquel sont soixante vaillans hommes, des plus vaillans d'Israel tous manians l'espee, & tres-bien appris à la guerre; ayant chacun son espee

ſur ſa cuiſſe, contre ce qu'on craint de nuict. Tous les plus vaillans hommes du monde, auec leur force guerriere & leurs meilleures armes, ne le pouuoient garentir contre tout ce qui *eſpouuente de nuict*, puis qu'il y a tant de choſes qui cauſent cette peur, leſquelles ne peuuent eſtre empeſchees en leurs effects, par l'eſpee des vaillans. Quoy donc? Si nous faiſons partie de l'eſpouſe du vray Salomon, ſon lict auquel nous repoſerons auec luy, ſera plus aſſeuré contre toutes ſortes de dangers ſpirituels & temporels, que n'eſtoit celuy de Salomon, auec toutes ſes gardes; Car noſtre Salomon, a toutes les armees celeſtes à ſon ſeruice. Or combien que le iour ſoit plus agreable que la nuict, & que la compagnie, le bruict, & les diuertiſſemens, nous ſoulagent l'eſprit, & diminuent nos craintes ſi eſt ce que, venans à penſer aux euenemens ſoudains, & qui ne ſe peuuent preueoir, nous ne ſommes pas ſans entrer par fois en en quelques apprehenſions, tellement que comme vne fleſche qui vole le-

gerement en l'air, descochee par vn bras vigoureux, vient souuent à transpercer celuy qui y pensoit le moins; aussi, diuers accidents peuuent suruenir inopinément, & vne mort subite saisir celuy qui ne s'y attend pas. Et cela notamment arriue, lors que la mortalité a cours, en laquelle on void en vn moment tant d'hommes frappez, comme si les flesches estoient tirees de tous costez.
r Homer. Iliad. Qui est cause que les r payens mesmes ont feint leur Apollon irrité contre les Grecs, leur tirer des coups de flesches, par lesquelles ils entendoient la peste, enuoyee sur les hommes & les bestes.
s Iob. 6. v. 4. Iob s recognoist en ses playes, *les flesches du tout puissant*; & t
t Ps. 38. v. 3. Dauid, que *les flesches de Dieu, sont toutes entrees en luy, & que sa main est enfoncee sur luy*.
u Lam. 3. v. 12. Et Ierusalem se u lamante, que Dieu *a tendu son arc, & l'a mis comme vne butte pour sa flesche*. Le iour & la nuict diuisent tout nostre temps, & en l'vn & en l'autre nous sommes comme asiegez de diuers genres de mort. En cét estat, il y a dequoy craindre, mesme à vn homme

constant & courageux, s'il ne regarde qu'en soy mesme. Il ne pourra passer les nuicts, sur tout s'il se rencontre en lieux affreux, sans fremir & trembler; Les iours mesmes luy seront suspects, & les exemples qui se presenteront à ses yeux, l'estonneront. Quoy donc? que fera le fidele pour se munir contre tout cela? Recourant à la protection de Dieu, il s'asseurera que toutes les puissances ennemies ne luy pourront nuire. L'obscurité de la nuict, ne luy cachera point sa lumiere; il le verra tousiours present auec le bouclier en main pour le secourir; Le nombre & la diuersité des tentations ne luy fera iamais perdre courage: il se fortifiera sur l'asseurance de son garent, auquel rien n'est impossible; il regardera à cette prouidence qui veille pour les siens en la nuict, & qui adresse les flesches de iour, & les peut arrester au plus viste de leur vol. Il pensera tousiours à cette main, qui blesse & qui bande la playe, ainsi il n'aura peur.

6. *Ni de la mortalité qui chemine en te-*

nebres, ny de la destruction qui degaste en plein midy.

Entre les choses qui espouuentent la nuict, il n'y en a point vne qui donne plus de frayeur que la *mortalité*, lors que Dieu desploye ce fleau, & qu'on entend toutes les nuicts ses effects nouueaux en diuerses maisons; Car on ne se va point coucher sans apprehender pour la sienne, la maison du voisin qui brusle, nous faict craindre pour la nostre, & souuent la frescheur de la nuict glace plustost le cœur, qu'elle ne le soulage. De iour, la chaleur nous faict craindre ce feu & lors qu'en plein midi les exhalaisons chaudes montent de la terre, l'air que nous respirons nous est suspect, comme si nous auions à humer du poison. Nous voyons & sentons qu'il n'y a heure du iour, ni de la nuict exempte de ces dangereux accidens, que la mort degaste en *plein midi* & que la hauteur du soleil duquel les rayons autrement resiouyssent, au lieu de dissiper les mauuaises vapeurs, les aigrist. Non-obstant

tout cela, quoy que le fidele ne ſoit
pas inſenſible aux iugemens de Dieu,
& qu'il ne ſoit pas ſans tremblement,
quand ces horribles verges ſont deſ-
ployees; ſi eſt-ce qu'il n'entre pas en
vne crainte de defiance, & de deſeſ-
poir. S'il a de la *crainte*, il ne laiſſe pas
* *de ſeruir à l'Eternel en crainte, &*
de s'eſiouyr auec trẽblement, & d'attendre
en patiẽce l'iſſuë de la tentatiõ ſe diſ-
poſant à la volonté de ſon Dieu, touſiours raiſonnable, & touſiours fauo-
rable à ceux qui ſe repoſent ſur luy, ô
Dieu, tu es la vie, quelle *mortalité*, te
pourroit empeſcher de conſeruer la
vie des tiens? Les *tenebres* te ſont lumiere; que pourroit-il arriuer en la
nuit que tu ne preuoyes? Quelle *de-*
ſtruction pourra degaſter ce que tu
veux edifier? y *l'Eternel eſt ma lumiere* y Pſ.
& ma deliurance, de qui auray-ie peur? 27. v. 1.
l'Eternel eſt la force de ma vie, de qui au-
ray-je frayeur? Il n'y a rien à craindre
à bon eſcient, que la *mortalité* qui
ſe prend à l'ame, qui produit l'infection & le mauuais air des *œuures in-*
fructueuſes des tenebres: que les efforts
des puiſſances de l'aïr obſcur & cali-

gineux, qui se font sentir en plein midi, mais encore ne sont ils point à craindre à ceux qui sont reuestus des armes de lumiere. Ceux qui *s'asseurent en l'Eternel, auront vne haute retraite*, lors que z *l'effroy que conceura vn homme*, qui se defie de la grace de Dieu, *luy tend vn laqs*, & le surprend. L'experience tesmoigne qu'en temps de contagion les terreurs & espouuentemens subits, sont souuent auant-coureurs du mal, & que ceux qui se laissent ainsi abbatre l'esprit, s'attirent eux-mesmes ce qu'ils craignent. Mais comme ce defaut de courage est vne grande & dangereuse infirmité; la temerité & l'audace precipitee de quelques vns, n'est pas moins blasmable, lesquels se iettans sans consideration & sans vocation dans le danger, apres auoir faict les vaillans, se trouuent d'autant plus estonnez & perplex, quand ils se voyent dans le precipice qu'ils n'auoient point apprehendé; que leur alliance auec la mort est trompeuse, & a *qu'ayans aimé le danger, ils y sont tresbuschez*. Dieu ne veut pas qu'on

z Prou. 29. v. 25

a Sirach 3. v. 25.

meſpriſe ſes verges, ny qu'on le tente. Le moyen de ſe garder de la mauuaiſe crainte, & de ne tomber point en l'autre extremité, giſt à prendre le millieu, qui conſiſte à nous remettre entierement à la volonté de Dieu ; à luy reſigner totalement noſtre vie, pour en diſpoſer à ſon plaiſir ; ce qu'auſſi bien feroit-il, ne le vouluſſions nous pas ; mais nous n'en aurions ni la loüange, ni le proffit. Si aurons bien, quand nous nous propoſerons, *b qu'à ceux qui l'aiment, toutes choſes aident enſemble en bien*: Et que *c ſoit que nous viuions, ſoit que nous mourions, nous ſommes au Seigneur.* Quiconque ſe reſoudra à cela, experimentera, *d que le Dieu fort, nous eſt vn Dieu fort pour nous deliurer, & que les iſſuës de la mort appartiennent à l'Eternel le ſeigneur*: qui confirmera cette verité,

b Rom. 8. v. 17.

c Rom. 14. v. 8.

d Pſ. 68. v. 21.

7. *Il en cherra mille à ton coſté, & dix milles à ta dextre; mais elle n'aprochera point de toy.*

Il faut auoir vn courage plus que humain pour voir vn tel degaſt, &

n'apprehender point que nous en facions partie. Quand il n'y en a que peu que la mort enleue, le grand nombre des exempts oste l'apprehension, & chacun se propose qu'il en pourra estre l'vn. Mais quand le rauage est tel que de tous costez on ne void que morts, & qu'ils sont vendengez à milliers, à *droite & à gauche*, la tentation est plus forte, & la crainte plus ordinaire. La grandeur du danger preoccupe l'entendement, & faict oublier les remedes proposez, si à ce besoin nous ne sommes assistez, par cette *verité*, qui nous a esté promise pour *bouclier* & pour *targe*. En voicy vne promesse expresse; *Il en cherra mille à ton costé, & mille à ta dextre; mais* la destruction, *n'approchera point de toy*. Et quoy, n'est elle pas bien proche, quand tous les lieux esquels nous nous trouuons, deuant, derriere, & de tous costez sont infectez de contagion, quand nous voyons tant de morts, à nos pieds & sous nos pieds, qui ont esté rauis en vn moment? Quelque *pres* que soit le mal, il ne *s'approche* point de ceux que Dieu

veut

veut garder, en sorte qu'il leur puisse nuire. Dieu l'arreste où il veut, sur qui, & quand il luy plaist. L'Ange estoit sur Ierusalem prest à frapper, il y en auoit desia e *septante mille abatus, depuis Dan iusques en Berschebah* en vn seul iour; Neantmoins Dieu arresta le mal en vn moment; quand il fut appaisé enuers Dauid, & espargna la ville. Ces paroles furent plus que verifiees, *elle n'approchera point de toy, quoy qu'il en tombe mille à ton costé, & dix mille à ta dextre.* Le mesme se faict au milieu des combats & des grands carnages, esquels Dieu sçait espargner, ceux qu'il luy plaist de conseruer; & destourner tous les coups qui leur sont tirez. Combien y en a il qui viuent encore, & qui ont passé par ces destroits? Mais les vns le raportēt à leur bonne constitution; les autres à leur prudence & à leurs precautions, les autres à leur valeur, & à leur adresse, qui meritent d'estre vne autre fois abandonnez à eux-mesmes, puis qu'ils recognoissent si mal d'où ils tiennent leur vie. C'est toy Seigneur qui presides sur tout cela,

e 1. *Sam.* 24. *v.* 13. *& sui.*

vn cheueu ne tombe point de nos testes sans ta prouidence. Et quoy; dormira elle, quand la mort endort tant de personnes, & qu'en vn grand nombre, elle en reserue pour estre spectateurs de ces miseres, afin d'annoncer tes misericordes? seroit ce à l'aduanture que toutes choses aduiendroient, & par vn joüet de Fortune?

f Iob 34. v 20. & 21. Ains quand *f grands & petits meurent en vn moment, voire tout vn peuple à la minuict est esbranlé & passé, & que le fort est emporté, voire sans main. N'est-ce pas que ses yeux sont sur le trein d'vn chacun?*

g Ps. 23. v. 4. Qui est-ce qui peut *g cheminer en la vallee d'ombre de mort* sans *craindre aucun mal*, sinon celuy, qui peut dire à Dieu, *tu es auec moy, ton baston & ta houlette me console*? Que les flesches de la mort tirent à *gauche & à droite*, qui les peut destourner, sinon celuy, qui

h Ezech. 39. v 3. comme *h à Gog*, luy *peut escourre son arc hors de sa main gauche, & faire tomber de sa main droite ses flesches*? S'il en *tombe dix mille à la dextre* du fidele, n'y a il pas vne autre *dextre* qui le soustient & le protege? C'est celle là qui faict *que le mal ne s'approche point de luy*. L'Eternel *est i celuy qui te garde , l'Eternel est ton ombre , il est à ta main dextre.* k *Ie suis l'Eternel ton Dieu, soustenant ta main droite, celuy qui te dit , ne crain point, c'est moy qui t'ay aidé.*

i Ps.121. v.5. K Esai. 41.v.13.

8. *Seulement tu contempleras de tes yeux, & verras la recompense des meschans.*

Quand la mort fermera les yeux à tant de personnes *à ton costé & à ta droite*, & que Dieu conseruera *tes yeux* corporels pour les ouurir sur leur misere , il te faut encore dauantage ouurir *les yeux* de l'esprit , pour recognoistre les iugemens de Dieu, duquel la patience irritee , descoche en fin son ire sur la meschanceté des hommes. Car ces flesches ne se descochent point à la volee & quād Dieu descouure sa main du ciel , preste à ietter sur les hommes les fleaux de la guerre , de la peste , & de la famine; il faut bien qu'il ait esté prouoqué à courroux par la malice des habitans de la terre. Et toutesfois en cette grande mortalité que Dieu enuoya en Israël , Dauid *l* disoit , *ces brebis*

l 2. Sam. 24. v.17

qu'ont elles faict ? Et recognoissant que c'estoit luy *qui auoit peché*, sembloit accuser Dieu de n'auoir pas bien adressé en ses iugemens, qui espargnoient le coulpable, & exterminoiēt le peuple innocent. Et de vray, le peuple n'estoit point coulpable de cette faute de Dauid, à l'occasion de laquelle Dieu auoit frapé cét horrible coup : Si est-ce neantmoins que Dieu faisoit iustement, *m & que la colere de l'Eternel estoit derechef embrasée contre Israël, quand Dauid fut incité contr'eux*, à les denombrer. Céla ne fut donc à l'égard du peuple qu'vne occasion, mais la vraye cause venoit d'ailleurs, de la meschanceté & des desbauches de ce peuple, qui auoit en plusieurs sortes abusé de la prosperité, & s'estoit enorgueilly contre Dieu. Quand il n'y eust eu autre raison, que la desbauche apres Absalon, & sa rebellion contre son Prince legitime, laquelle auoit precedé quelque temps auparauant. Il faut tousiours croire que Dieu est iuste en tout ce qu'il faict, & Dauid ne le vouloit pas nier absoluëment : quoy qu'en

m 2 Sam. 24. v. 1.

ce faict il se condamnast soy-mesme, & selon sa charité eust plustost voulu que le mal fust tombé *sur sa maison & sur la maison de son pere*. Et qui doutera que si Dieu vouloit entrer en iugement à la rigueur, il ne peust iustement en ces occasions exterminer tout sans reserue? Quand il le feroit, il faudroit passer condamnation. C'est de sa misericorde que procede ce qu'il se contente souuent de *decimer*, souuent encore de prendre *vn de cent*, comme font les generaux d'armees, quand ils ont à faire à vne troupe de mutinez. Il faut donc tellement contempler cette *retribution des meschans*, que ceux qui demeurent ne s'en preualent pas pour tesmoignage de leur innocence, ains qu'ils recognoissent *que* n *par ses grandes misericordes, il ne les a point reduits à neant, ni ne les a point du tout abandonnez, pource qu'il est misericordieux & pitoyable*. Autremẽt, en la punition de quelquesvns, il faut contempler le merite de tous, & recourir à Dieu par repentance & amendement de vie, si nous ne voulons receuoir pareille *recompense*. Nos yeux

n Nehe. 9.v.31.

doncques ne doiuent pas *contempler* ces iugemens, pour se resiouyr du mal d'autruy, ce qui seroit indigne non seulement des enfans de Dieu, mais de ceux ausquels il reste quelque sentiment d'humanité. Car qu'y a il de plus cruel & inhumain, que de vouloir paistre ses yeux des miseres de ses semblables, & regarder auec plaisir les supplices des miserables? Aussi quand on sort de la *generalité*, en laquelle cette *recompense* de Dieu se doit remarquer, pour adorer ses iugemens, en la *specialité*, & à regarder sur vn chacun de ceux qui sont frapez, il y auroit, en cette aplication, vne difficulté qui ne se pourroit surmonter, & vne tentation insupportable. Car qui ne sçait que plusieurs gens de bien & craignans Dieu se trouuent dans le nombre de ceux qui tombent à nos costez, desquels la vie a esté en exemple de pieté & saincte conuersation? N'est il pas vray qu'en toutes ces visitations des rauages de la guerre, du degast de la peste, & des miseres de la famine, plusieurs enfans de Dieu, & qui en portent les vrayes marques, ſe voyent enueloppez, & ſouuent meilleurs que ceux qui demeurent, puis que pluſieurs, notoirement meſchans, leur ſuruient? *Dieu a voulu que les biens temporels comme auſſi les maux fuſſent communs aux bons & aux meſchans, afin que tels biens ne ſoient pas deſirez trop ardamment, qu'on void eſtre auſſi poſſedez par les meſchans; & que les maux ne ſoient pas euitez par mauuais moyens, deſquels les gens de bien ſont le plus ſouuent trauaillés.* Le ſage conſeil de Dieu, ne laiſſe il pas quelques fois les gens de bien dans la commune miſere, voire en ces accidens extraordinaires? Mais il ſçait bien pourquoy; & combien que l'accident ſoit pareil au regard du corps & de cette vie, il y met bien de la difference au regard de l'ame & de la vie à venir; & dés cette vie meſme il la faict voir en vne bien differente fin, quand les vns ſont punis en ſon ire, les autres chaſſiez en ſa benignité, quand ce qui eſt ſupplice aux vns, eſt medecine aux autres, quand les vns meurent en blaſphemant, les autres en loüant Dieu, quand les vns ſont eſprouuez, & Dieu ſe venge des autres. C'eſt ici, où il faut q̃ ceux deſquels le mal *n'approche point*, ouurent à bon eſcient les yeux de l'ame, pour ne pecher point contre la charité, & n'eſtre point ingrats enuers Dieu. Car il ne les reſerue pas pour inſulter à la miſere d'autruy, mais pour adorer ſa miſericorde, & tellement preſcher ſes iugemens à la poſterité; que ils le glorifient en tous ſes faicts, ſans preſomption de leur dignité, & ſans preiuguez contre ceux deſquels ils doiuent recognoiſtre que pluſieurs valoient mieux qu'eux. L'eſprit de diſcretion eſt ici neceſſaire, afin que nous diſcernions bien qui ſont *les meſchans* ſur leſquels tombe cette *retribution*, & que nous en puiſsions prudemment excepter, ceux qui paſſent de mort à vie, & qui ſont quelques fois rauis, p *afin que la malice ne change leur entendement, ou que fraude ne deçoiue leur ame*. Qui ſont rauis pour leur bien, combien que ce ſoit pour la punition des meſchans; comme quand Dieu retire les bons enfans aux peres peruers; ou les bons magiſtrats

p Sap. 4. v. 11.

aux mauuais peuples ; ou les fideles pasteurs, aux troupeaux qui en sont indignes. Tousiours auront ils assez dequoy contempler la *recompense des meschans*, & glorifier Dieu, sans preiudice de la consolation deuë à ceux qui sont en affliction pour la perte de leurs amis, qu'ils doiuent croire gagnez, quoy que le corps de cette chair a esté destruit, afin que l'ame fust sauuée au iour du Seigneur. q *Bien-heureux est celuy qui se porte sagement enuers le chetif. L'eternel le deliurera au iour de la calamité. L'eternel le gardera & le preseruera en vie* : pour lequel benefice il parlera ainsi à son Dieu ; Ce que ie suis debout cela vient de toy,

q Ps. 41. v. 1. & 2.

9. *Car tu es ma retraite ô Eternel.*

Il adjoustera encore, parlant à soy mesme,

—*tu as establi le souuerain pour ton domicile.*

Ce n'est ny ma prudence, ni ma pouruoyance, ni ma vertu, ni mon merite, ni l'excellence & la force des medicamens, ni l'induſtrie des hommes, ni le choix d'vne habitation plus ſalubre, qui m'a conſerué, au milieu de tous ces dangers. Ce n'eſt pas là auſſi que i'ay eu mon recours, ni mis ma confiance en aucune creature, quelque releuee qu'elle ſoit. Car ie n'ay point appris de ta *verité*, que tu en ayes eſtably aucune, non ſeulement en la terre, mais auſſi és lieux celeſtes à laquelle il faille recourir en cette neceſſité, comme ſi tu leur auois reſigné la vertu de preſeruer ceux qui les inuoqueroient, pour leur en laiſſer puis apres receuoir l'honneur, par la ſuperſtition. I'ay pitié encor à preſent de ceux qui prennent pour leur retraicte, ceux auſquels ils ont eux-meſmes deferé, ce qui n'eſt au pouuoir d'aucun homme de donner; qui aſſignent des charges au ciel, à ceux qui ſont recueillis arriere du mal; & qui ont ſerui en leur temps, pour donner encore icy bas ſoulagement à ceux qui ſon affligez de peſte en la terre. Ils ont eu eux-meſmes beſoin de l'Eternel pour retraicte, & s'ils ſont tels qu'on les dit, ils n'en ont iamais cerché d'autres, ni conſeillé aux autres d'auoir recours ailleurs. C'eſt toy ſeul, qui *r enuoyes ta parole, qui gueris, & deliures de leurs tombeaux*, ceux *qui touchent aux portes de la mort, afin qu'ils celebrent enuers toy ta gratuité & tes merueilles entre les fils des hommes.* On ne peut iamais faillir en s'adreſſant à toy, comme au ſouuerain medecin, comme à la retraicte aſſeuree, comme à l'vnique eſperance des affligez : ni apres la deliurance à t'en rendre toute la loüange, comme à celuy *f qui nous pardonne toutes nos iniquitez, & nous guerit de toutes nos infirmitez.* Il n'y a que toy qui puiſſe faire le premier, duquel deſpend le dernier. Tu peux *ſeul remettre les pechez* qui ſont la cauſe du mal, & la cauſe eſtant oſtee, l'effect n'eſt plus. Pour ces conſiderations c'eſt auec grande raiſon ô mon ame! que tu as *eſtably le ſouuerain pour ton domicile.* Mais tu ne l'as pas faict de toy meſme, & de ton autorité, Car quel droit y aurois-tu? Tu l'as faict, pource que luy meſme t'a commandé de faire cette élection. En *l'eſtabliſſant*, pour mon *domicile*, tu

r Pſ. 107 v. 18. & 20.

f Pſal. 103. v. 3

t'es restablie toy mesme. Tu as mis ton partage en bon fonds, & t'es logee aduantageusement. Tu n'as pas basti ce *domicile* qui n'est point faict de main; tu ne l'as pas trouué en la terre basse; mais chez le *souuerain*, chez *le tres haut*. Tu n'as eu autre peine que de l'accepter, quand il t'a esté offert; & d'y monter par les degrez que luy mesme t'a preparez. Il n'y a rien de plus haut, de plus ferme & stable, & de plus inaccessible à toutes puissances ennemies. Il n'y a dards ni flesches qui puissent voler iusques là, pour t'y nuire. Mais de là, peuuent estre descochees les flesches qui transperceröt les ennemis de Dieu. Quant à toy qui as choisi cette bonne part,

10. *Mal ne sera point adreßé contre toy, aucune playe n'approchera de ton tabernacle.*

Il y a deux sortes de maux desquels les hommes sont assaillis; & les premiers, sont causes des derniers. Les maux de *coulpe*, des maux de *peine*. Car le *supplice* suit le *delict*; s'il n'y est

est autrement pourueu. Mais le premier, qui est le peché, ne *s'approche* que trop pres de nous, puis qu'il y habite. Il est vray, qu'il n'est *pas adressé contre nous*, quãd il n'y regne point, & qu'il est tellement combattu, que la domination luy est ostee. C'est l'estat auquel peuuent paruenir les plus iustes en cette vie, qui gemissent encore sous le faix de ce corps de mort. Neantmoins puis qu'il *t n'y a point de condamnation* pour eux, ils seront aussi exemptez des punitions; non toutesfois des afflictions, qui sont autant d'auertissemens de la misere deuë, & d'instructions à nostre fragilité: Tout cela n'empesche point la verité de cette sentence; Et n'est besoin la rapporter à l'estat des enfans de Dieu apres cette vie pour la rendre veritable, & l'entendre des *tabernacles eternels*. Ce n'est pas là, où mille & dix mille tombent deuant nos yeux, ni où les fideles ont besoin de *cachettes*, ni où la *peste chemine en tenebres*: Tout cela se doit rapporter aux dãgers de la vie presente. Cependant, les iustes ne sont pas exempts de ces

t Rom. 8. v. 1.

maux, ni ces *playes* éloignees de *leur tabernacle*, en sorte qu'ils ne les sentent: & desia auons nous recogneu, que la playe de laquelle est principalement entendu tout ce qui se dit ici, non seulement approche des maisons & habitations des iustes, mais qu'elle y entre souuent, & endommage leurs familles. Que dirons nous donc à cecy ? C'est que nous prendrons toutes les promesses temporelles non comme absoluës, mais conditionnelles ; autant qu'il sera expedient pour la gloire de Dieu, & pour le salut des siens. A ceux qui perdent quelque chose pour son nom, est
u Marc. promis ; *u cent fois autant* en cette vie,
10.v.30 mais *auec persecution*, & *apres icelle, la vie, eternelle*. Il les faut donc modifier, selon qu'elles se raportent à cette fin, & mettre des exceptions à la regle, auec cette clause, que Dieu donnera tousjours, non seulement l'equiualant, mais aussi ce qui vaudra plus, & ce qui sera le plus necessaire. Il s'en faut rapporter à sa dispensation, & attendre sa volonté. Mais s'il en peut arriuer autrement, comme il

peut, que nous ſeruira cette promeſſe, *aucune playe n'approchera de ton tabernacle*? Beaucoup, ſi nous le ſçauons bien prendre. Elle nous aſſeurera premierement, qu'il n'y a mal ni playe, qui ne ſoit ſous la direction de Dieu, & qu'il ne puiſſe empeſcher s'il luy plaiſt. Que comme il le peut auſſi il le veut faire, & le fera quand il ſera beſoin, & cela ſuffit pour faire que nous nous reſignions entierement à luy, auec *nos tabernacles* & maiſons, pour les mettre en ſa protection, & ſauuegarde. Finalement, qu'en quelque façon qu'il en diſpoſe, nous y aurons touſiours de l'aduantage, & que ce qui nous pourroit arriuer, ne ſera ni *mal* ni *playe*, à proprement parler; pource qu'il n'y aura rien de dangereux ni de pernicieux en ſa fin, & qu'il donnera bon ordre, que tout ſoit conuerti en bien.

11. *Car il donnera charge de toy à ſes Anges, afin qu'ils te gardent en toutes tes voyes.*

Il peut de ſoy meſme & immediatement, ſans ſe ſeruir du Miniſtere d'aucnne creature, pouruoir aux neceſſités de ſesenfans. Car il n'eſt point attaché à aucuns moyens, & n'a point beſoin d'aide. Neantmoins, comme il ſe ſert des cauſes ſecondes, non par neceſsité qu'il en ait, mais pour ne les laiſſer inutiles, & les rendre plus dignes par ſon employ; ainſi ſe ſert-il du Miniſtere de ſes Anges pour pluſieurs effects en l'adminiſtrrtion du monde, leur faiſant cét honneur de participer aux œuures, deſquelles il eſt le principal ouurier. Mais c'eſt vn grand honneur aux hommes, que les Anges bien-heureux, qui ſont d'vne nature plus releuee, s'abaiſſent iuſques là par le commandement de Dieu, * *que ils ſont tous eſprits adminiſtrateurs, enuoyez pour ſeruir; pour l'amour de ceux qui doiuent receuoir l'heritage de ſalut.* S'ils ſont enuironnez de beaucoup d'ennemis, & ſujets à diuerſes mauuaiſes rencontres; s'ils ſont foibles en eux meſmes, ſi quelquesfois ils apprehendent le danger, duquel ils ne preuoyent point d'iſſuë; ſi auec le ſeruiteur d'Eliſee, ils s'eſcrient, *Ha, ha! que*

* Hebr. 1. v 14.

ferons-nous? il leur sera respondu, *y ne craignez point, car ceux qui sont auec nous sont en plus grand nombre que ceux qui sõt auec* vos ennemis. Or combien qu'ils soient pleins de bonne volonté, pour le salut & la conseruation des hõmes, si est-ce toutesfois qu'ils n'entreprennent rien sans vocation, & despendẽt entierement de celuy duquel ils sont ministres & seruiteurs. C'est luy qui les employe, comme il veut, & quand il luy plaist. Et en ceste administratiõ, nous pouuons nous escrier & le denons, z *Qu'est-ce de l'homme mortel que tu ayes souuenance de luy, & du fils de l'homme que tu le visites?* Et comment? Non content de veiller pour son bien & de ne destourner iamais de dessus luy l'œil de ta prouidence, *a ô conseruateur des hommes!* tu as encore voulu *b donner commandement à vn chacun touchant son prochain*, afin que les hommes ayent soin mutuellement de la conseruation les vns des autres. Mais ayãt preueu que plusieurs s'esloigneroient de ce deuoir, tu y as encore pourueu par vn plus excellent moyen, *donnant charge de nous à tes Anges, afin qu'ils nous*

y 2. Rois 6. v. 15. 16.

z Ps. 8. v. 3.

a Iob 7. v. 20.

b Sirach 17. v. 12

gardent. Nous recognoissons Seigneur que tu nous as faict ce bien, de commettre nostre protection à ces bienheureux esprits; non d'en attacher vn à vn chacun de nous, pour nous estre propre, & demeurer continuellement pres de nous; Car de cela n'auonsnous point de tiltre en ta parole; & ce lien ne semble pas conuenable à la generalité du ministere de tes Saincts Anges; Aussi n'est-il pas besoin de le presupposer pour nostre consolation. Elle sera plus grande, si comme nous sçauons que nostre protection vient toy, aussi nous asseurons nous que tousioursta bonté y pouruoit à nostre besoin, non par vn seul Ange, mais par plusieurs quand il est expedient, selon le choix que tu en fais, & le cõmandement qu'ilsen reçoiuent. Tu es le maistre des Anges, & ils sont tes seruiteurs, desquels la promptitude d'obeyssance nous est mise en exemple. Quand tu *leur donnes charge*, ils l'executent, & ne dedaignent rien; Car ils ne regardent pasà la dignité ou indignité des sujets, maisà la dignité de toy qui les mets en besongne. Et puis que tu leur commandes *de nous garder, en toutes nos voyes*, en toutes les actions, & en tout le train de nostre vie, nous ne deuons pas douter qu'ils ne le facent fidelement; & l'experience nous le tesmoigne assez; Car, comment seroit-il possible que nous peussions subsister autremẽt, entre tant de puissances ennemies, spirituelles & temporelles; Mais c'est en *toutes nos voyes*, que tu leur *donnes charge de nous garder*, és voyes de nostre vocation, en nos voyes qui nous sõt prescrites par toy, non celles que nous voudrions choisir de nostre propre mouuement. C'est lors que nous perdrions nos guides, & pour cela aussi nous sont-ils donnez pour redresser. Ce ne sont pas nos vrayes voyes, quand nous entreprenons, ce qui ne nous appartient pas; quand nous cheminons hors des limites que tu nous as prescrit; ce sont voyes obliques, c *Il y a telle voye qui semble droite à l'homme, mais l'issue d'icelle sont voyes tendantes à la mort*. Ce n'est pas en vne telle voye que nous deuõs attendre la conduite & protection des Anges, comme en ceste voye que le

c Prou. 14. v. 12.

Prince des mauuais Anges, proposoit au Seigneur des hommes & des Anges, abusant de ce passage, & luy voulant persuader *d de se jetter du haut en bas*, sans vocation, & en tentant Dieu, sans necessité. Là manqueroit l'assistance des Anges; mais iamais, quand l'homme *e balance le chemin de ses pieds, & que toutes ses voyes sont bien dressees; qu'il ne decline ny à droite, ny à gauche & destourne sō pied du mal.* En ces voyes no⁹ auons les bons Anges pour guides & gardiens, par ton commandement.

d Matt. 4.

e Prou. 4. v. 26. 27.

Et c'est aussi à toy, grand Dieu, auquel nous nous adressons pour estre pourueus de *ces gardes*, puis qu'elles despendent de toy. Tu ne nous as point commandé de nous adresser aux Saincts Anges, ni de les inuoquer en nostre besoin. Car aussi ne peuuent ils rien entreprendre sans ton commandement. Nous trouuerions mauuais si quelqu'vn employoit nos seruiteurs sans nostre congé, ou s'ils entreprennoient quelque chose en ce qui regarde ceux qui nous appartiennent, sans nostre ordonnance: Combien plus donques sont blasmables ceux qui au lieu de s'adresser à Dieu qui commande, & qui donne charge, entreprennent de demander aux Anges leur conseruation, & de leur prescrire leurs charges, sans consulter leur maistre? *Pourquoy craindrions nous d'offenser aucun des bons Anges si nous ne sommes point superstitieux, veu mesme que par leur aide, tendans à vn seul Dieu, & relians nos ames à luy seul, (d'où on croit aussi que le mot de Religion est venu) nous sommes exempts de toute superstition? voicy ie sers à vn seul Dieu* (religieusement) *à vn seul principe de toutes choses, vne seule sapience par laquelle est sage toute ame qui est sage, & le don mesme par lequel est bien-heureux tout ce qui est bien-heureux. Quiconque soit des Anges qui aime ce Dieu là, je suis certain qu'il m'aime aussi. Quiconque demeure en luy, & peut sentir les prieres des hommes, il m'exauce en luy. Quiconque l'a pour son bien, m'aide en luy, & ne peut m'ennier la participation d'iceluy. Que doncques les adorateurs ou adulateurs des parties du monde me dient, que c'est qui y peut estre de tres bon, que ne se concilie celuy qui sert* (religieusement) CELA SEVL, *que quiconque est bon, aime, & se resiouïst de la cognoissance qu'il en a, & auquel recourant comme à son principe, il est rendu bon.* I'emprunte volontiers les paroles d'vn de tes *f* seruiteurs, ô mon Dieu, pour expliquer par luy la resolution que i'ay deu prendre, non de me *concilier* ta grace par l'inuocation des Anges, mais de me *concilier* les Anges, par l'inuocation de ton nom seul, afin que receuans charge de toy, ils me gardent en *toutes mes voyes*, qui seront *tes voyes*, quand ie chemineray à la lumiere de ta parole; & lors ie n'auray rien à craindre, ni de la part des mauuais Anges, ni de ceux qu'ils employent contre nostre salut spirituel & temporel. Il n'y aura aucun accident qui doiue faire peur à celuy qui aura vne si bonne garde, & si bien autorisee, Si tu chemines en lieux dangereux & glissans, tu seras en seureté, ayant à ton costé les Anges de Dieu;

f *Aug. de vera Relig. cap. 55.*

12. *Ils te porteront dedans leurs mains, de peur que ton pied ne heurte contre la pierre.*

Comme les meres, & les nourrices ſouſtiennent & portent les enfans foiblets, afin qu'en marchant il ne le leur aduienne quelque inconuenient, ou par leur foibleſſe, ou par la rencontre de quelque achopement. De meſme, les ſaincts Anges ont charge de Dieu, de ſubuenir à nos infirmitez, & de ſupleer à la foibleſſe de nos mains, & de nospieds, par leur force & adreſſe, ſignifiee par *leurs mains*. Car autrement les Anges, qui ſont eſprits, n'ont point ces parties corporelles; mais bien en vne maniere plus eminente, ce que ſes plus fortes *mains* peuuent faire, quand ce ſeroient celles de Samſon. Leur puiſſance & pouruoyance ſont les deux mains d'vn chacun d'eux; ils nous *portent dedans leurs mains*, quand ils nous teſmoignent leur ſoin charitable, & agiſſent auec nous comme auec des enfans, qui ne ſe peuuent ſouſtenir ne conduire d'eux-meſmes; ſur tout en vn chemin raboteux & plein de difficultez. Car alors ils ont beſoin non ſeulement d'eſtre guidez & ſouſtenus, mais auſſi d'eſtre guindez & enleuez , autrement ils ne pourroient euiter quelque dangereuse cheute. En tout cela est depeinte nostre infirmité , & combien nous sommes inhabiles de nous mesmes à faire vn long chemin ? Combien il y a de dangers en la voye en la vie, tát pour le corps que pour l'ame , combien d'embusches sont dressees à nos pas. Que de pierres & de scandales nous attendent, pour lesquels euiter il nous faut veiller, principalement

g 1. Pier. 5. v. 8. & 9. contre *g cét aduersaire* & sa bande *qui chemine comme vn lion rugissant à l'encontre de nous cerchant qu'il pourra engloutir , auquel il nous faut resister estans fermes en la foy*. Mais comment le pourrons nous, debiles que nous sommes, contre ce fort armé , & contre tant d'instruments qu'il employe ? *Les Anges nous porteront en leurs mains* , & garderont que *nostre pied ne heurte contre les pierres* qu'il dresse en nostre voye. Et combien que nous n'apperceuions pas visiblement vn Ange en

h Genes. 19. forme d'homme , *h* nous prennant par la main , & nous tirant de Sodome comme par force, quand nous tardons;

dons; Il ne laisse pas d'y en auoir, qui nous tirent des lieux dangereux par vne action que nous ne voyons ni ne sentons, mais de laquelle nous experimentons les effects. Si, estans fatiguez d'vn long chemin, & destituez en lieux deserts de toutes sortes de viures, en danger de mourir de faim, nous n'aperceuons pas vn Age, qui nous donne courage, nous *i touche*, nous die *leue toy*, *&* *mange*, & nous pouruoye d'vne *foüace cuite aux charbons & d'vne phiole d'eau*, comme Elie afin que *par la force de ce repas*, nous paracheuions vn grand chemin; si est-ce toutesfois, qu'ayans plusieurs autres moyens selon que Dieu leur donne, & que leur prudence les peut administrer, ils nous sçauent bien resueiller de nostre assoupissemẽt, pouruoir à nos necessitez, & nous aider en sorte qu'apres vn chemin de plusieurs annees, nous paruenions à la montagne de Dieu. Si nous ne voyons pas, comme k Iacob, vn camp d'Anges pour nous oster l'apprehension; nous le deuons tousiours croire present à nostre besoin par les yeux de la foy;

i 1. Rois 19. v. 5. & suiu.

K Gen. 32. v. 1. & 2.

& ne douter point que ceste eschelle, representee au Patriarche en vision, ne soit tousiours dressee quant à sa signification, & que les Anges de Dieu ne montent & descendent par icelle, pour le bien de ceux qui le seruent. Car c'est vne verité de laquelle l'effect continuera tant que le monde
l Ps.34. v. 8. durera, que *l l'Ange de l'Eternel se cãpe à l'entour de ceux qui le craignent & les garentit.* Et quoy qu'il ne le face pas tousiours en mesme maniere, si est-ce qu'il le faict par autres moyens, & tousiours à mesme fin: Et que Dieu est si bon, qu'il nous charge de benefices, afin que nous nous plaisions à demeurer chez luy; il nous munit de gardes, afin que nous ne prenions la fuite; & nous enuironne de protecteurs, afin que nous ne luy soyons rauis. Seulement prenons garde qu'il n'aduienne, que cõme la fumee chasse les abeilles, & la puanteur les colombes; aussi par nos pechez continuez, nous ne perdions la compagnie des Anges. Quelle est ceste grace mõ
m Bern. sur ce Ps. Dieu que tu as faict à l'homme? *m tu luy enuoyes ton vnique, tu luy donnes ton*

esprit, tu luy promets ta face gracieuse, & pour ne laisser rien entre les choses celestes qui ne prenne soin de luy, tu enuoyes ces bien-heureux esprits pour le seruir : ô hôme, si Dieu a enuoyé son fils pour ta redemption; son esprit pour ta consolation, & ses Anges pour ta protection, que craindras tu?

13 *Tu marcheras sur le lyon & sur l'aspic, & fouleras le Lyonceau & le dragon.*

Non seulement tu auras *n accord auec les pierres des champs* pour n'estre point blessé par leur heurt & rencontre, ayant les Saincts Anges pour gardes, mais aussi tu *n'auras point de peur des bestes sauuages.* Non pas mesme des plus fieres & des plus cruelles. *o Les dents des bestes sauuages, & scorpions, les serpens & l'espee, sont la vengeance des meschans pour les destruire; Ces choses se resiouyssent du commandement de Dieu, & s'apprestent pour venir sur la terre quand il est besoin, n'outrepassans rien de ce qui leur est dit en leur temps.* Puis qu'elles ne font rien sans commandement & ne passent pas les limites qui leur sont

n Iob 5. v.22.23.

o Syrach 39.v.35. & 36.

prescrites, il n'y a rien à craindre pour toy, si les Anges sont constituez pour ta garde, par l'ordonnance de celuy qui commande à tout. p *Le lyon rugira-*
p Amos 3. v. 4. & 8. *il en la forest, s'il n'y a quelque proye? le lyonceau jettera il son cry de son giste, s'il n'a pris quelque chose? Le lyon a rugi & qui ne craindra?* Ce sera non celuy qui aura plus d'influence *solaire*, auquel le lyõ *comme solaire* ne fera point de mal, comme distinguant vn sang noble & genereux, du commun & vulgaire. Ceste consideration, en laquelle quelques naturalistes se sont pleus, leur seroit vn mauuais garent au besoin. Mais ceux que le soleil de justice regarde d'vn œil gracieux: ne craindrõt, ny les vieux Lions, ny les lionceaux. Ainsi Samson fortifié par la grace de Dieu estant en la garde des Anges, voyant q *vn jeune lyon rugissant venir*
q Iuges 14. v. 5. & 6. *contre luy, l'Esprit de l'Eternel l'ayant saisi, il deschira vn Lion, comme s'il eust deschiré vn chevreau, sans auoir rien qui fust en sa main.* Ainsi Dauid encore petit berger deliura ses brebis de la r *gueule*
r 1. Sam. 17. v. 35. & 37. *du Lion & de l'Ours, & comme ils se leuoyent contre luy, les empoignant par la*

mascboire, les frappa & les fit mourir. L'Eternel, disoit-il, *m'a deliuré de la griffe du Lyon & de la patte de l'Ours.* Ceux-là non seulement ont esté espargnez par les lions, mais ils en sont deuenus maistres, & les ont mis à leurs pieds. Vn seul ſ homme sans aucune defense, estant jetté en la fosse de plusieurs Lions affamez, en est sorti sans lesion: Et pourquoy? *Mon Dieu*, dit-il, *a enuoyé son Ange, & a fermé la gueule des Lions, tellement qu'ils ne m'ont fait aucun mal.*

ſ Dan. 6 v. 23.

Les aspics entre les serpens, ont vn venin plus dangereux, & plus prompt & la guerison de leur morsure est fort difficile. Les piqueures qu'ils font sont petites, & à peine s'aperçoit la trace de leur morsure, mais le venin qu'ils iettent par vn petit trou, se glisse bien tost en tous les membres. Outre la force & actiuité de son venin, entre les serpens c'est vn des plus rusez, & cauteleux, tant pour nuire, que pour se conseruer; Il est t dit des *meschans, qu'ils ont du venin semblable au venin du serpent, & comme l'aspic sourd qui estoupe son oreille.* Des Basilics on

t Ps. 58. v. 5.

rapporte que leur venin infecte l'air voisin, qu'il faict mourir les arbres & les herbes, les hommes & les bestes. Que les bestes & les oyseaux n'osent approcher de sa charoigne, & que s'ils le font ils meurent soudain. Des *dragons* on raconte des choses prodigieuses, tant de la grandeur & longueur de plusieurs, que de leur force & voracité, tesmoin celuy duquel parle *u* Nicephore, lequel huit paires de bœufs, ne pouuoient mouuoir de son lieu apres qu'il eut esté tué, & le fallut brusler pour empescher que l'air n'en fust infecté. Que cela soit vray ou non, il est certain qu'il s'en est veu de fort prodigieux, & qu'il n'y en a point qui ne soit fort pernicieux. Aussi le Diable est accomparé à vn dragon, & appellé le *x grand dragon, le serpent ancien.*

u Liure 12. c. 45.

x Apoc. 20. v. 2.

A prendre à la lettre toutes ces bestes mesfaisantes, il ne faut point douter, qu'il ne soit en la puissance des Anges employez de Dieu, de leur oster la force de nuire, & de donner aux fideles la vertu, non seulement d'eschaper de leurs gueules, mais aussi de les destruire, leur insulter & les fouler aux pieds; & nous en auons produit des exemples. C'est aussi vne promesse du Seigneur à ceux qui croiront en luy, y *Voicy ie vous donne puissance de marcher sur serpens & sur scorpions & sur toute la force de l'ennemi; & rien ne vous blessara.* Nous en auons vn notable exemple en ce Sainct homme, lequel z *ayant amassé quelque quantité de sarmens, comme il les eut mis au feu, vne vipere sortit hors, à cause de la chaleur, & luy ennahit la main, mais iceluy ayant secoüé la beste dans le feu, n'eut aucun mal*, ce que les barbares mesmes recognurent estre vne œuure de Dieu; quoy qu'ils l'appliquassent mal.

y Luc 10. v.19.

z Act. 28. v. 3. & 5.

Mais ces choses estant miraculeuses & extraordinaires, ne doiuent pas estre entreprises sans vne vocation speciale, & sans necessité; & quoy qu'elles monstrent ce que Dieu peut, il ne s'ensuit pas qu'il le veuille faire tousiours, ni en tout temps: Ni par consequent que nous deuions entendre à la lettre, pour l'entreprendre, ce qui est dit de *marcher sur les*

Lions & lionceaux, & fouler aux pieds *les aspics & les dragons*. C'est vne parabole, qui nous represente, combien sont en grande asseurance, ceux desquels Dieu est le protecteur, contre toutes les choses qui peuuent nuire à leurs corps, & à leurs ames; soit que nous regardions les mal-heurs soudains; soit que nous pensions aux dangers euidens. Qu'il ne faut perdre courage par vne crainte de desespoir, ni pour ce qui nous peut nuire de pres, ni pour ce qui nous peut offencer de loin. a *Il faict mention des bestes plus cruelles & plus pernicieuses, en vn chacun genre desquelles il a voulu exprimer, ce qui estoit plus exquis par le lion & le dragon, signifiant la force; par l'aspic, & le basilic, la malice.* Autrement nous sçauons, que plusieurs excellens seruiteurs de Dieu ont esté deschirez, & comme moulus, par les dents des bestes sauuages: mais par mesme moyen ils ont triomphé du Lion rugissant, du serpent ancien, & de toute la puissance des tenebres. Comme Dieu en a arraché les vns de leurs griffes, pour monstrer sa vertu; il leur a vou-

a Basile sur ce Pseau.

lu abandonner les autres, pour estre glorifié en leur mort; Ainsi disoit *b* Ignace, *Ie suis le froment de Dieu, ie seray moulu par les dents des bestes, pour estre trouué vn pain pur sur la table de Dieu.* S'ils ont esté vaincus quant au corps, par les bestes; en mesme temps, & par mesme moyen, *ils ont foulé aux pieds le Lion, & le dragon*, & se sont à bon droit preualus de cette promesse; *Tu marcheras sur le lion & sur l'aspic.*

b Ignat. in Epist. sua ad Rom. & Iren. lib. 5. aduer. hæreses.

Mais elle appartient sur tout, au chef des enfans de Dieu, à *c la semence de la femme qui a brisé la teste du serpent*; qui a toute cette vertu en luy; laquelle de luy deriue sur ses membres, qui ont part à ses victoires, voire pour lesquels il a combattu & a vaincu. C'est en luy principalement en qui nous *foulons au pieds le lionceau & le dragon*, le peché, Satan & la mort. C'est de luy que nous prennons cette confiance, que le *d Dieu de paix brisera de brief Satan dessous nos pieds*. C'est luy qui nous garentira de la violence des tyrans, qui *e ressemblent aux lions qui ne font que deschirer, & aux lionceaux qui se tiennent és lieux*

c Genes. 3. v. 15.

d Rom. 16. v. 20

e Ps. 17. v. 12.

f Ps.22. v.14. *cachés. Qui f ouurent la gueule contre nous, comme vn lion deschirant & rugissant.* Qui nous preseruera des langues malignes, de la calomnie, & du venin mortel de ceux, *g sous les lévres desquels y a venin d'aspic, desquels la langue est pleine d'amertume, és voyes desquels sont destruction & misere.* Et dira d'vn chacun de ceux qui recourent à luy, en telles necessitez,

g Rom.3. v.13.14. 15.

14. *Puis qu'il m'aime affectueusement, ie le deliureray; ie le colloqueray en vne haute retraite, pource qu'il cognoist mon nom.*

Combien que la bonté de Dieu soit si grande, qu'il faict du bien mesme à ses ennemis, qui *i faict leuer son soleil sur bons & mauuais, & enuoye la pluye sur iustes & iniustes*, cela se doit tellement entendre de ces benefices communs, lesquels encore les meschans reçoiuent pour l'amour des bons: que d'ailleurs en plusieurs autres benefices singuliers, spirituels & temporels; on ramarque vne notable difference, & des priuileges tresgrands, de ceux *qui aiment Dieu & co-*

i Matt. 5.v.45.

gnoiſſent ſon nom. Ce ſont ceux deſquels il donne charge ſpeciale à ſes Anges, les recommandant vn chacun par leur nom. *Puis qu'il m'aime affectueuſement*, leur dit-il, *ie le deliureray; ie le colloqueray en vne haute retraicte, pource qu'il cognoiſt mon nom.* Les benefices de Dieu s'entreſuiuent; les ſpirituels comme les principaux, attirent les temporels, autant qu'il eſt beſoin; & finiſſent, ou pluſtoſt ne finiſſent iamais, par les eternels qui demeurent. k *Cerchez auant toutes choſes le regne de Dieu & ſa iuſtice, & toutes ces choſes vous ſeront baillees par deſſus.* Celuy qui donne le principal, ne refuſe point les acceſſoires. Nous n'auons pas aimé Dieu les premiers, c'eſt luy qui nous a aimé le premier. De ſon amour enuers nous, procede le noſtre enuers luy. A ceux auſquels il a donné de l'aimer, il s'eſt donné ſoy meſme, il a donné pour eux ſon propre fils, *l comment ne leur donneroit il auſsi toutes choſes auec luy? m A celuy qui a, il luy ſera donné.* Ses graces s'entreſuiuent par vne certaine liaiſon. *Pource qu'il m'aime affectueuſement*, dit-il; Et qui a faict

k *Matt. 6. v. 33.*

l Rom. 8. v. 31.

m Luc 17. v. 28

qu'il t'aime ainsi, Seigneur, sinon toy, qui l'as tant aimé? Pource que tu luy as faict vn tel bien, & si grand tu luy

n Rom. 8 v. 27. veux aussi departir les autres. n *A ceux qui taiment, toutes choses aident en-*

o 2. Tim. 2. v. 19. *semble en bien*, Mais tu o *cognois ceux qui sont tiens*, & ne tiens pas que tous

p Matt. 7. v. 21. ceux qui te disent p *Seigneur, Seigneur*, le dient par amour. Tu cognois l'affection de cœur, tu sondes les reins, il faut t'aimer en sorte, qu'on puisse prouoquer à ton tesmoignage, & dire

q Iean. 21. v. 17. q *Seigneur tu sçais que ie t'aime.* Il le faut faire de tout son cœur, & de toute sa force. Et qui le faict dignement? Toutesfois tu nous supportes, & quand il y a de la sincerité, tu subuiens à l'infirmité. Que te vient il de nostre amour & quel fruict en peux tu perceuoir? Ains tu veux estre aimé de nous, pour nostre aduantage, afin que nous attachans à toy, tout bien descoule sur nous de toy, qui en es la source.

Il faut cognoistre pour aimer, & le vray amour ne se peut porter sur vne chose incognuë. Quiconque t'aime d'affection, il faut necessairement

qu'il

qu'il cognoisse ton nom. Qu'il te cognoisse tel que tu t'es declaré en ta parole, & en tes œuures, sur tout és œuures de la redemption. Car ce que tu nous as reuelé de toy mesme, c'est *ton nom.* Et *ton nom*, n'est autre chose que toy mesme, autant que tu t'es rendu cognoissable. Pource donc qu'il cognoist ton nom, il t'aime. Car qui te peut cognoistre sans t'aimer? Nostre volonté n'est elle pas portee à vouloir & desirer, ce que nostre cognoissance iuge bon ? & plus elle a cognoissance de la bonté d'vne chose, d'autant plus émeut elle l'appetit raisonnable, à en desirer & recercher la possession. D'autant plus clairement que tu es cognu de nous, autant plus ardamment es tu aimé par nous. Et pource qu'en cette vie nous ne cognoissons qu'en partie, & ne voyons, *r que comme en vn miroir*, de là vient l'imperfection de nostre amour; combien que nous te deuions aimer, par dessus tous honneurs, pource que tu es la gloire supréme; par dessus toute science, pource que tu es la souueraine sapience, par dessus toute vo-

r 1. Cor. 13. v. 9.

lupté, pource que tu es la souueraine ioye, par dessus tous ornemens, pource que tu es la souueraine beauté, sur toutes choses, puis que toutes choses sont en toy & par toy, qui es tout. Aussi rien de necessaire ne defaut à qui t'aime de cœur, il a tout à suffisance, s'il aime ce seul bien, en qui tout bien habite, & hors duquel, il n'y a point de bien ; duquel l'amour est vn thresor inespuisable, qui rend celuy qui le possede vrayement riche; comme au contraire, celuy qui ne l'a
r Luc 15 v.18. point, est tres-pauure. Comme r le prodigue ne gagna que trauail & misere, hors la maison de son Pere, en laquelle seule il trouua repos. Aussi n'en faut il esperer qu'en la maison du pere celeste. De celuy qui s'y transporte, par cognoissance & par amour, *ie le deliureray*, dit-il, *ie le colloqueray en vne haute retraicte.* Non seulement il le tirera hors de la peine en laquelle il se trouue, lors qu'il est és plus eminens dangers spirituels & temporels, desquels il ne se peut ti-
s 2. Sam. 22. v. 28 rer de luy mesme; *s il le deliurera de son ennemi puissant, & de ceux qui le hais-*

sent, lors qu'ils sont plus robustes que luy. *t Il le deliurera en six angoisses, & en la septiesme le mal ne luy touchera point.* Mais outre cela, il lui dõnera vn estat ferme & permanent, afin qu'il ne puisse plus encourir tels dãgers, le *colloquãt en vne retraite si haute*, qu'aucun mal n'y pourra atteindre, pour luy nuire. Ce sera moy-mesme, dit l'Eternel, qui le *colloqueray en vne haute retraitte*, inaccessible d'ailleurs, à ceux qui n'y sõt point enleuez par la main de Dieu, en laquelle par consequent, ne peuuent auoir accez les puissances ennemies, beaucoup moins, qu'és forteresses assises sur les plus hautes montagnes, ceux qui n'ont aucuns instrumens pour y grimper, ny forces pour y mõter, & qui ont vn grand desaduantage, ne pouuans aprocher qu'à la mercy des coups, de ceux qui sont au plus haut. Mais il y a bien pis : pour ceux qui entreprendroient d'attaquer la retraite que Dieu promet aux siens, de laquelle il est non seulement le protecteur, mais aussi, il l'a assise au plus haut des cieux, en soy mesme. En ceste *retraicte*, dit-il, ie le *colloqueray*,

t Iob 5. v. 19.

pour y demeurer perpetuellement, & le rendray par ce moyen muny pour
u Prou. tousiours. *u Car le nom de l'Eternel est*
18. v.10 *vne haute tour, à laquelle le iuste courra, & y sera en haute retraitte.* Ayans donc vne guerre irreconciliable, contre Satan & toute sa troupe qui est grande, regardons à nous pouruoir de la retraitte de ceste tour, puismesme que elle nous est preparee sans aucune peine ou despence de nostre part : & sans laquelle d'ailleurs, toutes les retraittes & defenses que nous preparons, sont inutiles & vaines. Au contraire celle-cy est telle, qu'elle ne peut estre prise par emblee, ny occupee par force, aussi peu reduite à se rendre par famine, puis qu'elle est en celuy, chez qui tout abonde. Mais comment & par quel moyen y courir ? Si nos pieds sont foibles cela ne nous nuira de rien, pourueu que nostre affection soit forte. Il n'est besoin que de l'inuocation du nom de Dieu pour y paruenir; C'en est le chemin, la porte, & la clef; Car, dit-il,

15. *Quand il me reclamera, ie l'exauce-*

ray, ie seray auec luy quand il sera en destresse; ie le retireray & le glorifieray.

Dieu sçait bien ce qui nous est necessaire, & sans comparaison mieux que nous. Il sçait bien aussi ce qu'il veut faire pour nous, & , ce qu'il en a ordonné. Mais il veut neantmoins, que nous luy demandions, & que nous *l'inuoquions* en tout temps & en toutes occasions, notamment, x *au* x Ps. 50.
iour de destresse, il promet de nous en tirer v. 15.
hors, & nous oblige à luy *en faire honneur.* Ainsi en ont faict les fideles jadis, y *Eternel, estans en destresse, ils ont eu* y Esaie. 26. v 16.
souuenance de toy, ils ont espandu leur humble requeste, quand ta correction a esté sur eux. z *Les cordeaux de la mort m'auoient* z Ps. 116
enuironné, & les destresses du sepulchre v. 3. 4. 5.
m'auoient rencontré: j'auoy rencontré de- 6.
stresse & ennuy. Mais i'inuoqueray le nom de l'Eternel, disant, *Ie te prie Eternel deliure mon ame. L'Eternel est pitoyable & iuste, & nostre Dieu faict misericorde. L'Eternel, garde les simples, j'estoy deuenu chetif, & il m'a mis à sauueté.*

Il veut estre prié, non pour estre instruict, mais pour nous instruire nous mesmes en priant, pour recognoistre nostre besoin; pour tesmoigner nostre foy, & nostre despendance de sa bonté, quand nous luy demandons pardon des maux passez, secours contre les maux presens, & precaution contre les maux à venir. Ainsi la priere faicte auec foy, est la rente & recognoissance de nostre subjection; l'eschelle de nostre ascension, le bouclier de nostre defense, le fidele messager de nostre legation. C'est la chaine d'or, laquelle pendante du ciel, tire nostre ame à soy. C'est la respiration continuelle de laquelle l'ame a besoin, laquelle se fait en enuoyant à Dieu par l'oraison, des souspirs eschauffez; & receuans de Dieu, pour rafraichissement, vne nouuelle grace du S. Esprit. C'est la verge de Moyse, par laquelle nous frapons la pierre de salut; quand, au desert de ce monde nous sommes affligez de la soif des tentations, & de la disette des biens spirituels. Mais il ne faut pas que nous prescriuions la maniere, au tout-puissant; ni l'ordre au tout-sage, il le faut laisser faire.

Sous cette condition, il *exauce* ceux qui l'inuoquent. Ie *l'exauceray* dit-il, indefiniment, afin que nous estendions cette promesse à tout ce que nous demanderons raisonnablement. Promesse riche & liberale, laquelle en vn seul mot nous descouure vne source inespuisable de tous biens, quand nous y voudrons puiser auec la corde & le seau de la priere. *a Qui est la nation si grande qui ait ses Dieux pres de soy, comme nous auons l'Eternel nostre Dieu* EN TOVT *ce dequoy nous l'inuoquons?* Qui dit TOVT, n'excepte rien; & quoy que nos yeux corporels ne voyent rien en priant, si est ce que nous auons nostre Dieu pres de nous, pource qu'il est *b pres de tous ceux qui le reclament en verité. Il accomplit le souhait de ceux qui le craignent, & exauce leur cry, & les deliure.*

a Deut. 4.7.

b Ps. 145 v. 18. 19

Mais dira quelqu'vn, nous prions souuent, & ne sommes pas exaucez; nous crions, & semble que Dieu face la sourde oreille. D'où vient cela? En ietterons nous la faute sur Dieu, comme s'il estoit oublieux de ses promesses? ains, dirons nous. *c vous de-*

c Iaq. 4. v. 3.

& faict mouuoir tout ce qui se meut; qui est present par tout, & tout en toutes choses hautes, moyennes, & basses, Il est certes ainsi. Mais il y a vne presence de grace speciale, par laquelle il n'est pas auec tout cela; par
d 1. Iean 4. v. 16. laquelle celuy *d qui demeure en charité demeure en Dieu, & Dieu, en luy*; par laquelle, il habite en ses fideles, com-
e 1. Cor. 3. v. 16. me en son *e Temple*, & son *esprit habite en eux*. Ainsi n'est-il pas auec tous hommes. Mais c'est encor' vn autre maniere & degré d'assistance speciale, par laquelle, il est auec ceux qui l'inuoquent en leur tribulation, que n'est celle par laquelle il est tousiours auec les autres iustes, qui ne sont pas en mesmes espreuues. Car il semble que comme il aduient au corps humain, qu'vn des membres estant affecté, incontinent le sang & les autres humeurs y accourent; & tout l'homme, comme laissant le reste, s'y porte des yeux, de la langue, des mains, & de la pensée, y occupant toutes les autres parties; pour le secourir? Que Dieu aussi comme chef & pere commun de tous les membres du

corps myſtique de ſon fils, ſi toſt que quelqu'vn d'eux eſt affligé & crie vers luy, y accourt , auec l'abondance de ſes compaſſions. Et combien qu'il ne puiſſe *eſtre auec luy en ſa deſtreſſe* pour y ſouffrir , il y eſt toutesfois pour le ſecourir , & luy tient compagnie pour le conſoler & fortifier. Tellement qu'on peut dire à vn tel homme, *f Tres-fort & vaillant homme, l'Eternel eſt auec toy*. Que ſi l'oppreſſion luy faict repliquer auec Gedeon, *Las ! que l'Eternel ſoit auec nous !. Et pourquoy nous ſont aduenuës toutes ces choſes ici?* il penſera en ſoy-meſme, que Dieu ne l'a pas abandonné pourtant, mais qu'il a retenu pour vn peu de temps ſa main ſecourable, afin d'attirer ſes prieres , & de les rendre plus feruentes par la neceſſité : & le benefice de la deliuranceplus eſtimé, apres auoir eſté dilayé , & plus long temps attẽdu. Ainſi, Dieu a eſté auec Ioſeph en toutes ſes deſtreſſes , & il n'y eſtoit pas oiſif , lors qu'il eſtoit mal mené par ſes freres, vendu aux Madianites, reuendu à Potiphar, tenté par ſa maiſtreſſe, calomnié , empriſonné. Car

f Iuges 6. v. 13.

g Genes. 39. v. 21 nonobstant ce miserable estat, *g L'Eternel fut auec Ioseph, & estendit sa gratuité sur luy, & luy donna grace enuers le maistre de la prison*. N'estoit ce pas estre *auec luy en sa destresse?* Mais outre cela, que souuent en la tribulation, il en adoucit l'amertume par quelque relasche, il est auec les siens mesmes au plus fort de leur destresse, par vne douceur interieure, & inexplicable, laquelle Dieu faict couler comme insensiblement dans le cœur de l'affligé, qui apporte vne telle recreation, & vigueur à l'ame, que non seulement elle se resout à porter patiemment & alegrement la calamité presente; mais aussi se diposer volontairement à celles qui pourroient suruenir; & dire,
h 2. Cor. 7. v. 4. *h ie suis rempli de consolation, ie suis plein de ioye tant & plus en*
i philip. 4. v. 13. *mon affliction, i Ie puis toutes choses en Christ, qui me fortifie.* S'il nous faict *porter son ioug*, il le rend leger, car il est auec nous, & en porte le plus pesant, pour nous soulager. S'il nous expose au combat, il nous donne cette aduantage, que nous combattons en sa presence, & deuant ses yeux,

yeux, & ne ſe contente pas d'eſtre ſpectateur, mais il combat auec nous, & emporte la victoire; il couronne, & eſt couronné de loüanges, par ceux qu'il a ſecourus. En ſomme, *Ie ſeray*, dit-il, *auec luy en ſa deſtreſſe*, teſmoignage d'vn amour ſincere, & veritable, bien éloigné de l'amour du monde. Le monde court apres ceux qui ſont en proſperité, qui meinent ioye, & abondent en tous biens temporels; abandonnant les affligez & miſerables: Mais Dieu, qui ſe nomme Pere des Orphelins & conſolateur des vefves, ſe plaiſt auec ſes affligez & deſolez, les viſite conuerſe auec eux, & les ſoulage. Et c'eſt alors que recognoiſſans que k *la grace de Dieu leur ſuffit, & que ſa verité ſe parfaict en leur infirmité*, ils *prennent plaiſir en infirmitez, en injures, en neceſſitez, en perſecutions, & en angoiſſes*? ſe trouuans en ſi bonne compagnie de celuy qui dit; *ie ſeray auec luy quand il ſera en deſtreſſe*; & qui adjouſte, *ie le retireray*; à ſçauoir de la tribulation, de laquelle ie luy donneray deliurance, apres auoir exercé ſa patience. Car il n'y en a

k 2. Cor 12. v. 9. & 12.

point de si grande, de laquelle il ne puisse tirer ceux qui l'inuoquent, quoy qu'il semble au iugement humain, qu'il n'y ait point d'issuë à la tentation; c'est lors que Dieu la donne, apres que les siens ont esperé contre toute esperance. Qui n'eust creu Daniel perdu en la fosse des lions. Qui n'eust estimé l'honneur & la vie de la chaste Susanne exposez à l'abandon à ses calomniateurs infames; qui eust iamais pensé qu'vn homme englouty par la baleine eust esté reuomi viuant sur le sable de la mer? Et neantmoins en telles angoisses, ceux qui l'ont inuoqué ont esté deliurez. Qui n'eust pensé qu'Ezechias, ayant receu la sentence de mort, & commandement de disposer de ses affaires, ne pouuoit plus attendre guerison? Et toutesfois apres s'estre humilié deuant Dieu, il est remis en santé,
l Esa. 38 & trouue matiere, de dire *l L'Eternel*
v. 20. *m'est venu deliurer.*

Encore n'est ce pas tout, car il est si bon, que par dessus la deliurance, il adiouste la gloire; *Ie le glorifieray*, dit-il; Car si pour vn temps, il permet que les siens soient tenus pour les raclures & pour la balieure du monde, le mespris & la honte des hommes, il sçait bien releuer leur honneur en son tẽps, & les eleuer en gloire, mesme dés cette vie; & comme souuent il permet que les meschans soient eleuez haut, pour vne ruine plus grande & plus pernicieuse à laquelle ils sont reseruez, au contaire, il abaisse les siens, pour les rehausser; & les abbat, pour les eleuer en vn plus haut degré. Quand les hommes *m pensent mal à l'encontre* d'eux, *Dieu le pense en bien*. Il a tiré Ioseph de la prison, pour luy donner le gouuernement d'Egypte, & la premiere place apres le Roy. Il a tiré Dauid de la bergerie pour le faire pasteur de son peuple, apres l'auoir faict passer par diuerses tribulations, & faict eschapper plusieurs grands dangers. Il a eleué Daniel entre les Princes, apres l'auoir diuersement exercé. Il a glorifié Mardochée, auquel le gibbet estoit preparé. Bref les exemples sont sans nombre de cette gracieuse dispensation de Dieu, *n L'Eternel donne grace & gloire, & n'es-*

m Gene. 50. v. 20

n Ps. 84 v. 12.

pargne aucun bien à ceux qui cheminent en integrité ; & leur donne aussi le temps pour en ioüir plus longuement quād il luy plaist, car, dit-il,

16. *Ie le rassasieray de longueur de vie, & luy feray voir ma deliurance.*

Plusieurs choses sont concurrentes pour abbreger la vie de l'homme. Toutes maladies tendent à la mort, comme tout autant d'auantcoureurs de la fin ; mais entre les maladies, il y en a de plus aiguës les vnes que les autres, & entre toutes la peste a son effect soudain, & le plus souuent est vn messager certain, de la mort prochaine. Non seulement Dieu promet de deliurer celuy qui l'inuoquera ; de le glorifier, le comblant d'honneurs & de biens dés ceste vie; mais aussi lui donner le moyen d'en jouyr longues annees. o *Longueur de iours est en sa dextre & en sa main gauche, richesse & honneur.* p *En aimant l'Eternel ton Dieu, en obeyssant à sa voix & adherant à iceluy; C'est luy qui est ta vie, & la longueur de tes iours afin que tu demeures sur la terre.*

o Prou. 3 v.16.

p Deut. 30.v.20

Cela se compte entre les benedictiōs

de Dieu, & non sans raison; & toutesfois ce n'est ny la premiere ny la principale. *Ie le rassasieray*, dit-il, *de longueur de vie.* C'est vn rassasiement qui rend la vie ennuyeuse le plus souuent & par lequel l'hõme est las de viure en la terre; Autre chose est estre vicieux; autre d'estre rassasié de iours, & Dieu luy-mesme distingue, entre l'homme q *aagé, & celuy qui est plein de iours*, comme Abraham, Isaac, Dauid, & semblables, desquels la vie a esté prolongee iusques à ce poinct, qu'ils n'en desiroyent plus la continuation, & pensoient à l'entree d'vne meilleure vie. Cependant ils ont fait estat, comme ils deuoyent, de ce don de Dieu, & luy en ont rendu graces, comme d'vn surcroist de liberalité. r *Il t'auoit demandé vie, & tu luy as donnee; voire vn allongement de iours, à tousiours & à perpetuité.* Ce qui estant restraint à la vie temporelle, ne peut estre pris que pour vn long tẽps, mais qui doit finir; Et ce temps comparé à l'Eternité, est *court & mauuais*, mesme en sa plus longue duree.

q Ierem. 6. v. 11.

r Ps. 21. v. 5.

Encore est-ce vn priuilege de peu

de personnes, au pris de ceux desquels
s Iob. 7. v.6. *s les iours passent legerement comme la nauette d'vn tisseran.* Et cela arriue mesme aux gens de bien, & à la famille des justes; Et leur est compté pour vn grand bien. *t Le juste est mort, & il n'y*
t Isai. 57. v. 1. *a personne qui y prenne garde, & les bien-aimez sont recueillis sans qu'on y soit attentif, à sçauoir que le juste a esté retiré arriere du mal.* Puis que cela estoit pris pour vn aduantage en certaines occasions, au temps que les biens temporels estoyent plus considerables, & parmy vn peuple qui en estoit entretenu, & qui y estoit plus attaché: il se faut bien garder d'en tirer vne conclusiõ prejudiciable à la pieté, de ceux que Dieu retire en la fleur de leur
* ὃν γὰρ φιλεῖ θεὸς ἀποθνήσκει νέος. aage; Car il peut souuent aduenir, * *que celuy que Dieu ayme, meurt jeune.* Cõme de nos prieres il aduient, que Dieu ne fait pas tousiours ce que nous demandons, mais ce qui nous est expedient qu'il se face: aussi Dieu ne donne pas tousiours aux siens vne longue vie en ce monde; mais il leur donne tousiours ce qui vaut autant ou plus.
u 1. Tim. 4. v.8. *u La pieté profitable à toutes choses, a les*

promesses du temps present & de celle qui est à venir; mais les premieres pour l'amour des dernieres, & la derniere seule suffit, quand les autres sont peu vtiles, & souuent nuisibles pour y paruenir. En peu de iours, ceux qui aspirent à l'Eternité, trouuent rassasiement de vie temporelle; pour entrer en celle qui ne rassasie iamais pour estre ennuyeuse, & qui rassasie eternellement, pour ne desirer plus rien. C'est cette *deliurance* à laquelle aspirent ceux qui viuent de la vie de Dieu, x *Leur desir tendant à desloger & estre auec Christ, ce qui leur est beaucoup meilleur*. Rapportons à cela principalement cette promesse, *Ie luy feray voir ma deliurance*, ou *mon salut*. Car c'est lors Seigneur, que tu nous *a*·*deliureras de ce corps de mort*, que tu nous feras *voir*, ce dont tu nous feras ioüir. Tu ne nous monstreras point l'heritage promis, de loin, pour nous exclurre de l'entree: mais tu nous y introduiras, & nous le donneras pour vne habitation eternelle. C'est là où se trouuera le salut entier du corps & de l'ame, & où nous resplendira

x *Phil.* 1. *v.* 25.

a *Rom.* 7 *v.* 24.

b Ps.16. cette face diuine; qui est *b vn rassasie-*
v.11. *ment de ioye*, où tu nous feras voir, ce
qui est plus grand, plus excellent,
plus heureux que tout ce que nous
pouuons penser, ou imaginer. Le Ciel,
la terre, l'or & l'argent & tout ce qui
se peut dire ici bas de precieux, ne
sont rien; ni toutes choses creées, au
prix du createur & redempteur, en
qui seul nous est promis ce souuerain bien; où l'entendement humain
satisfera à son desir de sçauoir; La volonté sera en repos, iouyssant d'vn
bien, qui comme vne source inespuisable, contient tous les autres, où, la
sapience de Salomon sera tenuë pour
ignorance; la beauté d'Absalom,
pour laideur: & la force de Samson,
pour foiblesse. Si le iuste est ceuilli en
ieunesse, tendant à ce but & y arri-
c Sap 4. uant, il ne perd rien? *c S'il est preuenu*
v.7.8.9 *de la mort, il sera en repos. Car la vieil-*
lesse venerable, n'est pas celle qui est lon-
gue, ne celle qui est nombree par multitude
des ans, mais la prudence est vieillesse aux
hommes, & la vie sans tache est l'aage an-
cien. Nous nous estudierons donques
ici bas à cette vie, pour estre par ta

bonté introduits en celle, en laquelle nous la poſſederons, ſans crainte de mort : nous ſerons aſſeurez ſans apprehenſion de changement, raſſaſiez ſans deſgouſt ; nous aurons vne paix ſans guerre ; vn perpetuel printemps, vne ſerenité non interrompuë de broüillas ; vne clarté ſans tenebres, & tous biens, ſans aucun mal. *ô Eternel i'ay attendu ton ſalut.* *Geneſ. 49.v. 18*

FIN.

PRIERE.

SEIGNEVR nostre Dieu, Pere misericordieux, pitoyable, & tardif à colere ; il faut bien que nous confessions que nos pechez sont grands & enormes, & que le cry en est monté iusques au ciel, puis que tes verges desployees depuis si long temps, tesmoignent que tu és si fort irrité, mesmement contre ton peuple. Plusieurs annees se sont passees, durant lesquelles de toutes parts, se sont presentees deuant nos yeux les playes que ta main a faictes, par les fleaux de ta vengeance. La guerre a despeuplé plusieurs contrees, grandes, riches, & fertiles ; & a renuersé par terre, voire reduit en poudre, non seulement les bastimens des grandes villes, mais la pluspart des habitans d'icelles. Les hommes forts sont tombez par l'espee. Le sexe plus foible, & ceux desquels l'aage doit induire à compassion, n'ont pas esté espargnez; tout est reduit en desolation. Et le pis est que ton Sainct Temple a esté ruiné, & tant de florissantes Eglises desoleees. Ce que la guerre auoit laissé, s'est trouué miserablemẽt destitué des moyens de se sustẽter. La faim a faict mourir langoureusement ceux qui estoient eschapez au carnage. Le baston du pain & du vin a esté rompu, & ceux ausquels il restoit quelque peu de vie, n'ont point trouué de restaurant *e ils ont sangloté cerchãs du pain, & ont donné leurs choses desirables pour de la viande, afin de faire reuenir le cœur. f Les plus honorables d'entr'eux ont esté pauures morts de faim, & la multitude d'iceux assechee de soif.* Là mesme, la pestilence a grapillé ce qui restoit, & où les autres fleaux auoient moins battu, elle a faict vne horrible vendange. La terre a receu tant de morts, que les lieux destinez à cela ont eu trop peu d'espace: Et tandis que les maisons se vuidoient, les Cemetieres se remplissoient & se haussoient par les corps entassez. Quelle horreur s'est presentee à nos yeux, &

e Lam. 1.v.11.

f Esai.5. v.13.

quel horrible ſpectacle nous a il fallu regarder ? Encor' à preſent n'en ſommes nous pas exemptez ? ta main continuë à frapper en pluſieurs lieux, & celle de ton Ange deſtructeur n'eſt point retiree. Que ferons nous ? Il nous faut aduoüer que ce n'eſt pas le plus grand mal & le plus dangereux; que c'eſt vn effect d'vn autre bien pire. Il eſt bien vray que cette peine vient de toy ; mais la cauſe vient de nous. La contagion du peché qui eſt en nous, & qui infecte l'air & la terre, la puanteur de laquelle monte iuſques à toy , a faict deſcendre icy bas, celle qui afflge les corps , & laquelle demeure encore , pource que tes chaſtimens ne ſont point ſuiuis d'vne repentance ſerieuſe. Pour eſtre battus , nous n'en ſommes pas meilleurs, nous regimbons contre les aiguillons *g nous adjouſtons reuolte.* Nous
g *Eſai.* 1 *v.*5. ſommes ſolicitez & ſommez de nous conuertir à toy , & nous ſommes encor' attachez au monde & à ſes conuoitiſes, & tournons nos penseesà vanité. Nos rebellions s'acroiſſent; nos deſbauches ſe multiplient; Le luxe & ce

ce qui le precede & le suit: se desborde generalement. Nous ne pensons plus à la froissure de la fille de nostre peuple, & chacun regarde le mal d'autruy, sans y prendre part, si ce n'est pour en apprehender la communication, non par recognoissance & desplaisir de l'auoir merité; mais par crainte de perdre ce qui nous attache icy bas, & en venir où tost ou tard nous arriuerons. O Seigneur corrige ces defauts en nous. Donne nous vn nouueau cœur: rends le contrit & froissé en ta presence. Fay que nous tremblions à ta parole, afin que tu regardes vers nous, quand tu nous auras faict la grace de regarder vers toy. Pren compassion de ton pauure peuple, & des miseres & calamitez de ton Eglise, redresse ses ruynes, ramasse ses pieces dissipees, repare ses bresches, & vueille maintenir les troupeaux lesquels jusques icy ont subsisté par ta longue attente. Et puis que elle nous inuite encore à repentance, fay que nous ne nous amassions point ire, au jour de l'ire; mais plustost, que ton ire soit appaisee enuers tes seruiteurs humiliez, & que nous defians de nous mesmes, & de tous autres moyẽs de nous conseruer parmy les dangers qui nous enuironnent, nous recourions vers toy, comme à vne retraite asseuree nous mettions sous ton ombre, & nous cachions sous les aislesde ta benigne prouidence, pour n'estre point atteints du mal. Et neantmoins s'il te plaist nous visiter, que nous cõfessions ta justice, adorions tes jugemens, & recourions à ta grace, pour nous tirer des dangers de mort. Que s'il te plaist nous appeller par cette voye, où il nous faut en fin arriuer, & nous abbatre par la violence de ce fleau, ren le nous medicinal, & nous disposant à ta saincte volenté, fay nous passer de mort à vie. Mais si ton bon plaisir est de nous en continuer l'vsage pour vn temps, donne nous de t'en faire hommage, comme à celuy auquel nous la deuons plusieurs fois; & de la consacrer plus que jamais à ton Sainct seruice. Et pour le general, vueille bon Dieu, commander à ton Ange de cesser, luy dire que c'est assez, apres que tu nous auras faict la grace de recognoiſtre que c'eſt trop peché, & que nous aurons fait voir par vn ſerieux amendement, que le temps paſſé nous doit auoir ſuffi, pour ne cheminer plus en diſſolutions, gourmandiſes, yvrongneries, & autres faicts abominables. Pour cét effect donne à ceux que tu as eſtablis au gouuernement, vn cœur entier deuant toy, viuement touché de l'intereſt de ta gloire, qui les induiſe à trauailler à la deſtruction de l'impieté & de l'injuſtice, & à reprimer toutes desbauches & inſolences: à prendre en main la cauſe de ton Nom qui eſt blaſphemé trop impunément, & abbatre l'Atheïſme qui leue la teſte en ce miſerable temps: afin que tu leur ottroyes, quand tu prendras plaiſir à leurs voyes, vne longue vie, vne domination juſte, des maiſons aſſeurees, des armees fortes, des conſeils fideles, des peuples obeyſſans, & tout ce que ils pourront ſainctement deſirer. Dõ- à chacun de nous, vne ferme confiance en ta bonté, vne ſaincte perſuaſion de ta protection, vn ſentiment de l'aſſiſtance de tes Anges, vne aſſeurance certaine contre la nuisance de toute puissance ennemie, sur tout du serpent ancien; & vne precaution necessaire contre son venin & ses ruses Tu as promis de nous exaucer en nos requestes, d'estre auec nous en nos destresses, de nous deliurer & glorifier. Vueille donc, Seigneur, accomplir tes promesses pour le public, & pour le particulier, afin que nous te rendions toute la gloire de nostre deliurance, & que nous recognoissions qu'il n'y a Salut qu'en toy. Que tu es le Dieu des armees, qui disposes de la guerre & de la paix : que comme toutes creatures attendent apres toy, qui leur donnes dequoy viure en leur temps, aussi as-tu toute abondance en ta main, pour rassasier ceux qui languissent de faim. Que, comme tu es le vray medecin de nos corps & de nos ames, aussi as tu les remedes en ta puissance, & ne faut sinon que tu dies le mot, & tes seruiteurs seront gueris. Alors aussi, ils te rendront loüanges, comme à celuy en qui gist la source de vie; & par le bon employ de ce qui leur en restera, seruiront à ta gloire, asseurez que tu leur donneras de viure icy bas en ta grace, & de reuiure eternellement en la beatitude celeste. Fay le grand Dieu, & nous exauce en toutes nos demandes qui seront selon ta volonté, au Nom de ton Fils nostre Seigneur IESVS CHRIST, qui en l'vnité de toy Pere, & du sainct Esprit, vit & regne eternellement, Amen.

LETTRE A VN AMY, DEMEVRANT à Leyden en Hollande.

Sur la question, si, & comment il est loisible en temps de contagion de s'esloigner des lieux infectez.

En laquelle aussi est reprouuee la coustume d'enterrer les morts dans les Temples.

Traduite du Latin.

MONSIEVR,

Apres nostre derniere entreueuë, j'ay long temps & serieusement pensé à la question que vous me disiez s'estre agitee en ce temps tres-calamiteux, à l'occasion de ce fleau, que tous recõnoissẽt estre enuoyé de Dieu, soit immediatement, soit par le moyen des causes secondes, par lesquelles l'air est infecté; quand elles espandent ce venin pestilentieux, par lequel tant d'hommes, en diuers lieux, ont esté portez au tombeau; & lequel encor' à present, faict vn si grand rauage en toutes ces prouinces. Il y a plusieurs gens de bien, & craignans Dieu, qui reuoquent en doute, si on doit vser de precautions contre ce mal; soit en s'abstenant de la frequentation de ceux qui en sont frapez, ou qui frequentent les lieux infectez, soit en s'en retirant du tout. Autres, qui sont aussi gens de bien & prudents, maintiennent que cela se peut & se doit faire, mais sous certaines cautions, & auec quelques necessaires distinctions. Ie ne me promets pas de pouuoir accorder tellement ce debat ou dissentiment, que tous à la fin par mon moyen, conuiennent en vne mesme opinion. Ie ne laisseray toutesfois de vous en dire mon sentiment; & de representer apres les autres, ce qui me semble si iuste & equitable; que iusques à cette heure mon esprit, quant à ce poinct, en a esté en repos. Mais ie requerray premierement auec vous, & tous les gens de bien, que nous soyons tous d'accord en cecy; que ces maladies Epidemiques, & cette contagion pestilentieuse, qui a faict, & faict encore tous les iours de si grandes bresches, & a miserablement despeuplé quelques villes florissantes; a esté enuoyée d'enhaut, Dieu estant irrité contre nos pechez: Et par consequent, que le meilleur & plus prompt remede, se trouuera en vne serieuse repentance, en tous les membres de la republique, tant ceux qui sont eleuez en condition publique, que ceux qui meinent vne vie priuee: par laquelle nous rendions tesmoignage non seulement par gestes exterieurs, & de parole, que nous auons vn grand desplaisir de la corruption de nos mœurs, & des egaremens de nostre vie passee; mais aussi par vn serieux amendement, conformans nos actions à la volonté de Dieu declaree en sa parole, nous la seellions, & la rendions approuuee, premierement à Dieu, & en apres, à nos prochains sous Dieu : Le magistrat punissant seuerement ceux qui transgressent les commandemens de Dieu, tant de la premiere que de la seconde table, reprimant l'impieté (laquelle non seulement se glisse secrettement, mais ose bien leuer la test impudemment) & par loix & peines, arrestans le cours de toute iniustice & intemperance : Les subjets se contenans en deuoir, s'humilians sous la main de Dieu, & prennans en bonne part, les chastimens & espreuues que Dieu leur enuoye, ou qu'il luy plaira enuoyer cy-apres ; desquelles nous recueillons les fruicts par la conduite de la parole de Dieu, & par le sentiment de nostre propre experience, mesmes en ces temps de *mortalité* & de *pestilence*, tels que sont les fruicts qui ont esté cueillis & mis deuant nos yeux, pour l'vsage de l'Eglise ; par Cyprian celebre martyr, en son excellẽt & elegant traicté *de la Mortalité*; lequel liuret, ie voudroy, que ceux, qui en ces occasions se trouuent en si grande peine & anxieté, feuilletassent iour & nuict. Que les fideles seruiteurs de Dieu, d'autre part, s'employent princpalement à cecy, se seruans du temps & de l'occasion, à sçauoir que la pieté qui semble estre abbatuë, soit releuee, qu'il l'enflamment de plus en plus par le souffle de leurs exhortations, apres qu'elle aura esté allumee, par le feu des tribulations. Que cette flamme ainsi accreuë, monte iusques au ciel, & dissipe la corruption de l'air infecté. En ce desir, ie ne doute point que ie n'aye le consentement de toutes personnes qui craignent Dieu, & que en cela tous les gens de bien ne conspirent auec moy.

Ce premier & principal remede estant presupposé, on reuoque en doute, s'il en faut apporter d'autres, par lesquels nous trauaillions, ou en public ou en particulier, à preuenir le mal, afin qu'il ne nous saisisse; ou à le chasser ou diminuer quand il nous a attaqué. Car il semble que ce qui est mis hors de controuerse en tous autres dangers & maladies, qui mesme semble à tous aucunement necessaire; en ce cas seulement, soit mis en doute par quelques vns, & par d'autres ouuertement blasmé; qui n'estiment pas qu'il soit licite à vn homme Chrestien, de se retirer des lieux infectez ou suspects, s'abstenir de la conuersation de ceux qui sont frapez de peste, & par vne prompte retraitte, changer d'air, pour euiter le danger tant pour soy, que pour sa famille.

Nous ne voulons pas nier, qu'il n'y ait des circonstances de lieux, & de personnes, qui ostent cette liberté; & aduoüons bien que cela n'est pas loisible à tous, & en tout temps, Que de telles personnes la retraicte seroit non seulement hors de saison, mais aussi seroit deuant Dieu, & deuant les hommes, vn crime de desertion. Mais d'autre costé, nous tascherons de monstrer, les circonstances estans changees, & toutes choses bien considerees, qu'il pourroit aussi aduenir, que ceux qui mespriseroient les precautions necessaires, mesme par changement d'air, & de demeure, se mettroient en danger d'estre tenus pour auoir tenté Dieu, & d'estre blasmez comme temeraires.

Que la peste soit contagieuse, & se communique comme vn venin infectant l'air que nous respirons, il n'y a point de medecins, que ie sçache, qui ne le tiennent pour certain, lesquels, outre les raisons qu'ils en apportent, qui ne sont ni en petit nombre, ni de peu de poids, ont aussi les preuues de l'experience trop sensibles; laquelle, combien quelle manque en quelques vns, desquels la complexion n'est pas si encline à receuoir ce venin; en la pluspart toutesfois, nous faict voir, que ceux qui se jettent temerairement dansle danger, tombent en iceluy, & payent les peines de leur temerité. Si dés le commencement, la nature a donné cette inclination à tous animaux, de conseruer leur vie & leur corps; il ne faut pas pẽser que Dieu en ait moins accordé aux hommes, pour lesquels il a creé les autres animaux; & qu'il trouue mauuais, que par legitimes moyens ils se gardent de ce qui leur

peut

peut nuire, quand ils en sont menacez. Or ne veux je pas mettre entre les moyens legitimes, si quelqu'vn estant establi en vne vocation publique, ou en la Republique ou en l'Eglise, abandonne tout soin de ceux qui sont affligez ; & lors qu'ils se trouuent és plus grands dangers du corps & de l'ame, leur soustrait toute l'aide qui leur est necessaire. Car cecy doit tousiours estre prealable, qu'ordre soit donnee par autorité publique, que ceux qui sont abbatus sous la main de Dieu, quoy qu'infectez, soient pourueus des aides & assistances qui leur sont necessaires. Seulement disons nous, que tous en doiuent prendre soin, mesmement ceux qui president sur le peuple: mais que ce qui est bien ordonné, ne doit pas estre executé par tous: Voire, qu'il est du deuoir des Magistrats & des Pasteurs, chacun à proportion de sa charge de donner ordre, que ceux qui ne sont pas establis pour cela, & qui n'y sont pas necessaires, ne s'y entremeslent pas; & qu'on subuienne tellement aux malades, que les sains n'en souffrent point de dommage; pource qu'il faut auoir egard au bien des vns & des autres.

Les plus doctes Theologiens d'entre nous, consultez sur cela, se sont pour la plus part rangez à cette opinion; Entre lesquels Calvin en l'Epistre 362. s'en explique en peu de mots, mais, selon sa coustume, fort solidement. De plusieurs questions qui luy auoient esté proposees, la troisieme estoit celle ci, *S'il estoit licite de changer de lieu pour fuir la peste?* Il respond, que *cette question semble estre nee de la stupidité de ceux, qui n'ont iamais eu aucun goust d'humanité. Et donc*, dit-il, *ne sera il point loisible de choisir vn air sain? Donc ne sera il point permis de preferer vn prospect plus salubre au choix des maisons? Ne sera il donc point permis de se garder de quelque puanteur, ou mauuaise odeur? Ne faudra il donques craindre aucune contagion? Arriere plustost tels paradoxes, desquelz la fin est de nous despoüiller de tout sentiment. Nous donnons cependant ce conseil, qu'il ne faut estre trop indulgens à la timidité de ceux, qui sous pretexte de danger, s'esloignent de leur vo-*

cation ; comme si le mary abandonne sa femme; la femme son mary; les enfans leurs peres & meres ; ou les peres & meres , les enfans: si le Pasteur abandõnant son Eglise ne regarde qu'à soy mesme : si le Magistrat cesse de faire son deuoir. En vn mot, pourueu qu'on ne neglige point son deuoir , il ne faut pas moins euiter la contagion de la peste, que l'espee & le feu.

Auec ceste Lettre que ie vous auoy' escrite en Latin , on a Imprimé conjoinctement le petit Traicté de Theodore de Beze, fait à ce propos , & duquel les exemplaires se trouuoyent rarement, auquel se void clairement quel a esté sur cela le sentiment perpetuel de l'Eglise de Geneve, laquelle ayant tousiours esté entre tous, hors de soupçon de desroger tant soit peu à la prouidence de Dieu, au regard de la disposition & determination des fins de la vie humaine; estimee mesme par quelques vns auoir excedé en ce poinct; a neantmoins tousiours tellement parlé des fins, qu'elle a d'autre part bien jugé, qu'on ne doit mespriser aucuns moyens, qui puissent seruir ou à nous garentir de mal , ou à nous procurer le bien. Ie sçay que lors que la contagion trauaille leur ville, on ouure l'Hospital institué pour cela; que non seulement on y fait essection de Medecins & Chirurgiens, pour auoir soin desmalades, tant au lieu public, qu'és maisons particulieres; qu'à ceste fin mesme, on leur prepare logement à part: Mais aussi qu'on faict choix de quelques Pasteurs, apres l'inuocation du Nom de Dieu, qui ont soin de visiter & consoler ceux qui sont malades de la peste, exemptant les autres, qui doiuent administrer en public la Parole & les Sacremens, & visiter ceux qui sont malades d'autres maladies, non contagieuses, tellement qu'on ait esgard aux vns & aux autres, afin qu'en secourant les vns, on ne mette point les autres en danger, & que le mal ne s'estende dauantage; La societé humaine requerant aussi, que tout se face conuenablement, & auec bon ordre. Quant à ce qui concerne les particuliers, c'est vne autre chose: car ils se peuuent retirer ailleurs, pourueu qu'ils n'abandonnent point le soin de leurs domestiques; & ainsi se retirer du danger, non seulement s'abstenant de la compagnie de ceux qui sont pestiferez, mais aussi esuisans les lieux qui en sont infectez.

Tel a esté l'aduis de Hierosme Zanchius, tres-docte Theologien, cõme il l'expose en son commentaire sur le chap. 2. de l'Epistre aux Philip. sur le verset 30. où il s'agit d'Epaphrodite leur Ministre, lequel *pour l'œuure de Christ auoit esté proche de la mort, n'ayant point eu d'esgard à sa vie.* Là, apres auoir monstré, qu'il ne faut iamais quitter l'œuure, pour lequel faire quelqu'vn est apellé par Christ, d'vne vocation singuliere; il conclud qu'à cause de la pestilence mesme, il ne le faut pas intermettre, & se sauuer par la fuite, Mais que, cõbien que cela soit tres-vray pris generalement, & simplement, il iuge toutesfois que selon les diuerses circonstances, il le faut prendre diuersement. Et pource qu'il traicte le tout plus au long, faisant recit de ce qu'il en auoit autresfois disputé auec vn pasteur de Coire, i'abregeray tellement sa dispute, que ie n'obmettray rien de ce qui se passa entr'eux, qui soit de quelque poids. Ce pasteur maintenoit, ce que vous m'auez dit que plusieurs debattent en ce temps, *que personne ne doit en aucune façon s'abstenir de la frequentation de ceux qui sont trauaillez de la peste, beaucoup moins se retirer des lieux où elle est allumee.* Zanchius au contraire disoit, qu'on pouuoit faire l'vn & l'autre, pourueu que cela se fist legitimement, c'est à dire sans negliger nostre deuoir, selon qu'il nous est enjoint de Dieu, ce qui ne se pourroit faire qu'au deshonneur de Dieu, & au prejudice de nos prochains. Les argumens au contraire, regardoient, ou tous les fideles; ou particulierement les pasteurs : & de la solution d'iceux despendra la resolution de toute la question.

Le I. estoit pris de ce que la pestilence n'est point vne maladie contagieuse, mais vn fleau enuoyé de Dieu immediatement; ce qu'il prouuoit par l'exemple de la peste, par laquelle Dieu chastia le peché de Dauid, apres le denombrement du peuple, au 2. de Sam. Chap. dernier.

Le II. de la prouidence de Dieu, à laquelle on ne peut resister ; pource qu'il sçait ceux qu'il veut frapper de peste , & ceux qu'il veut espargner; que cela ne peut estre empesché par aucun soin ou industrie humaine.

Le III. de la charité, laquelle ne cerche point ce qui est de sõ propre, mais ce qui est de Christ & du prochain.

A ces argumens communs à tous Zanchius respondoit ainsi. Au premier, qu'on suposoit ce qui est faux, que ce mal n'est point *contagieux*, l'experience prouuant le contraire, outre plusieurs autres raisons. Que l'opposant mesme auoit esté contrainct de le recognoistre. Et qu'il ne s'ensuit pas , qu'il ne soit point contagieux, pour estre vn fleau de Dieu. Car la lepre au milieu du peuple d'Israël, estoit vn fleau de Dieu, qui ne laissoit pas d'infecter les autres par sa contagion. Il en est de mesme de la tigne, de la roigne, & semblables maux, lesquels s'il est permis par la loy d'euiter , pourquoy ne pourra on pour les mesmes raisons , se garder de la pestilence?

I'adjouste, qu'il n'est pas vray vniuersellemene, que la peste soit enuoyee de Dieu immediatement, sans l'entremise des causes secondes. Car en plusieurs lieux on void manifestement le contraire, où l'air est corrompu, ou par les causes superieures, ou par les causes inferieures, par lesquelles il est disposé à cette infection, laquelle s'accroist, à mesure que la corruption s'augmente.

Au 2. il respondoit, que la prouidence de Dieu, n'oste point les causes secōdes, mais qu'elle les employe pour executer ses decrets. Par ainsi que le decret, par lequel il a ordonné de fraper ceux-cy, & conseruer ceux-là, n'empesche point que les hommes ne soient tenus de prendre garde à eux non seulement se seruans des remedes qu'ils ont, & qui leur sont prescrits par les medecins; mais aussi des autres precautions, entre lesquelles cette cy est vne des premieres, d'éuiter les lieux infectez bien entenduë de ceux, qui ne sont point obligez par leur vocation à *resider* sur le lieu. Car pourquoy ne seroit il loisible de faire en temps de peste, ce qu'on peut faire en temps de famine, de guerre, de persecution, & semblables accidens? Car qui estce qui osera nier que Dieu ne gouuerne tout, en sorte que vn cheueu ne tombe point de nostre teste sans sa prouidence. Iamais toutesfois personne n'a tiré en cause, ceux qui ont fui la famine, & lesquels pour conseruer eux & leurs familles sont descendus de la Palestine en Ægypte. Personne ne comdamne ceux qui ne sont point propres aux armes, s'ils fuyent la guerre, & se retirent en autres lieux, où ils peuuent joüir de la paix. Puis que ces choses sont aussi entre les moyens instituez de Dieu; sur tout, puis que ce n'est pas à nous à penetrer au dedans des decrets de Dieu, lesquels nous estans incognus, il nous faut tellement appuyer sur sa prouidence, à laquelle nostre vie est assujettie, que nous n'obmettions rien de ce qui la peut conseruer, & nous maintenir en santé. Et mesme si nous estions asseurez que Dieu nous voudroit preseruer de la peste, & qu'il l'auroit ainsi ordonné;si est-ce que nous ne deuriõs pas pour cela rien obmettre des moyens d'y aider, ou ne nous soucier si nous nous iettions dedans les dangers, ou non. Car S. Paul sçauoit bien ce que Dieu auoit ordonné tant de luy, que de ceux qui nauigeoient auec luy, Act. 27. Et toutesfois il ne vouloit point permettre que les mariniers se departissent, ains disoit au Centenier, *Si ceux ci ne demeurent dedans le nauire: vous ne pouuez vous sauuer*. v. 30. Car, combien qu'il fust asseuré qu'ils ne periroient point, il n'ignoroit pas toutesfois que le moyen de garentir le nauire despendoit de l'industrie des mariniers. D'où nous inferons, que les moyens legitimes ne dérogent point à la prouidence de Dieu; mais sont employez sous elle, par vne subordination que il a luy mesme decretee. Le mesme donc deuons nous dire de la pestilence, que ceux là ne resistent point à la prouidence de Dieu, ou qui trauaillent en commun, par feux allumez, par la fumee de la poudre à Canon, ou par diuerses perfumigations, ou autres semblables moyens à corriger l'intemperie de l'air : ou qui en particulier se seruent de preseruatifs, ou ceux aussi, qui, autant qu'en bonne conscience ils le peuuent faire, se retirent des lieux infectez.

Au troisiesme argument, il respondoit, que la charite ne requiert point, qu'on s'approche de tous malades, & qu'on les peut secourir par ceux qui sont choisis pour cela. Que ce seroit contre la charité de nuire à plusieurs, pour en assister vn; cõme si on infecte sa famille, si on jette les autres en vn danger non necessaire. Que la regle de charité est de regarder au bien & proffit de plusieurs, & qu'il se faut garder de blesser la charité sous pretexte de l'exercer. En ce sens *Hierosme Zanchius* Professeur en Theologie à Heidelberg discouroit de cette matiere.

De mesme aussi *George Sohmius* Professeur en la mesme Vniuersité, és theses qu'il a publiees *des causes, & de la cure de la peste*, au 1. Tom. de ses opuscules, *le remede de la fuite, ou retraite,* dit-il, *est permis à ceux qui se peuuent ab-*

senter, sans incommoder la Repub. & l'Eglise, & sans preiudice de la charité enuers le prochain, & en tels peut auoir lieu, ce conseil des medecins, promptement, loin, & tard, va t'en, eloigne toy, & retourne.

Guillaume Perkins Theologien Anglois, fort versé és cas de conscience, & homme grandement religieux, exposent le vi. commandement du Decalogue, en la partie affirmatiue, en laquelle nous est enjoincte la conseruation de nostre vie & de celle d'autruy; A la question; *S'il est licite de fuir*; respond que non, *à ceux qui en sont empeschez par leur vocation, comme sont les magistrats, & pasteurs qui ont charge d'ame. Mais que ceux qui sont libres & exempts, & ne sont obligez à aucune telle vocation, se peuuent retirer.* Ses raisons principales sont, 1. qu'il est permis à vn chacun de cercher sa santé & conseruation pourueu qu'il le face sans le dommage d'autruy, & sans faire tort à son prochain. 2. Qu'il est loisible à l'homme de fuïr la guerre, la faim, les innondations, les embrasemens, & autres semblables dangers, pourquoy non aussi la peste? 3. Qu'en diminuant

diminuant le nombre & la multitude du peuple, le danger en est aussi amoindri.

Aux obiections pour le contraire, A la premiere, que la fuite est vn tesmoignage de defiance, il respond, que la defiance est vn peché qui n'est pas en la chose, mais en la personne qui le commet. A l'instance, mais cela est scandaleux, respond, c'est vn scandale pris non donné. A la 3. En fuyãt, on abandonne son prochain, ce qui est contre la charité: resp. Il n'est pas ainsi, pource qu'il a ses proches, les magistrats, & les ministres de la parole. A la 4. Tous sont tenus de visiter les malades, par le commandement de Dieu. Resp. Entre les Iuifs, les Lepreux estoient exclus, & par mesme moyen sont exceptez des visites communes, ceux qui sont trauaillez de maladies contagieuses, telle qu'est la peste. Tel a esté l'aduis de Perkins.

Tous ceux là ont esté Theologiens Orthodoxes, de saine doctrine, qui iamais n'ont esté soupçonnez d'auoir en rien desrogé à la prouidence de Dieu; Lesquels toutesfois, par vn consentement vnanime, enseignent que les fideles se peuuent abstenir des lieux infectez, & par vne retraicte necessaire pouruoir à eux & aux leurs, par les moyens qu'ils voyent n'estre point contraires à la chairité Chrestienne.

La question est plus difficile, touchant les magistrats & les ministres de l'Eglise, où il s'agist de la retraicte & changement de demeure. Car estans obligez à pouruoir à tous, tant aux sains qu'aux malades, ce qu'ils ne peuuent pas faire s'ils se retirent, ils sont, presque par vn commun consentement de tous, obligez à la residence, & ne peuuent se retirer ailleurs sans scandale donné. C'est ce qu'ont tenu pour resolu les Theologiēs ci dessus alleguez, *Sohinius* particulierement en termes exprés: *Le remede de la fuite* dit-il, *& ces trois aduerbes des medecins, promptement, loin, & tard, ne conuiennent point à ceux qui ont commandement de demeurer estans en charges publiques, politiques, ou Ecclesiastiques, ou par deuoir necessaire de cha-*

rité Chrestienne. Car il ne faut iamais abandonner nostre vocation, ou violer la charité enuers le prochain. 10.v.11. Math. 25. v. 42. *Parquoy si ceux là s'enfuyent, ils remedient à vn mal, par vn autre mal.*

Est toutesfois à remarquer, qu'encore qu'ils demeurent au lieu ordinaire & commun, sçauoir en la ville ou bourgade, exerçans leurs charges en la Repub. & en l'Eglise, tous neantmoins ne sont pas tenus de s'approcher des malades de contagion, & communiquer en presence auec eux. Car estans debteurs aux sains & aux malades, & à leurs familles, & obligez à la Repub. & à l'Eglise; & ceux qui sont infectez ne faisans pas la plus grande partie de ces corps; pourquoy au preiudice des sains, s'attacheroient ils du tout à ceux qui seroient malades? Et peut-estre le debat ne sera pas grand touchant le Magistrat, & accordera t'on facilement, qu'il suffira qu'il pouruoye par ceux qu'il choisira à cét effect, qu'on administre les choses necessaires aux pestiferez cōmodément & opportunément, par ceux qui seront destinez à cela. Mais que les Pasteurs doiuent faire ce qui est de leur charge en propre personne, pource que les fonctions de leur ministre sont telles, qu'elles ne se peuuent bien faire par d'autres, ni estre suffisamment procurees par des absents. Par ainsi, où il n'y à qu'vn Pasteur, il semble necessaire qu'il pouruoye à tout son troupeau, qu'il exhorte les malades à repentance, & que par vne bonne instruction il les prepare à vne heureuse fin. Car lors, demeurant en sa vocation, *il en cherra mille à son costé, & dix mille à sa dextre; mais elle n'approchera point de luy.* Ps. 91. v. 7. Que si Dieu en veut disposer autrement, cetuy-là sera toutesfois bien-heureux, qui ayant mesprisé la mort se sera fidelement acquitté de son deuoir.

Et ces choses certes, sont dignes de grande consideration. Neantmoins, en cette necessité mesme, j'estime qu'il faut prendre garde à deux choses. Premierement, que où il y a plusieurs Pasteurs, on peut en la maniere que nous auons remarquée estre pratiquee à Geneve, deleguer vn ou plusieurs de ce nombre, qui soient eleus par communs suffrages, ou mesme par sort, apres l'inuocation du nom de Dieu, qui puissent assister les infectez ; se seruans neantmoins de la regle de prudence en approchant, c'est à dire qu'ils ne le facent pas de si prés, quand le malade les peut ouyr de loin; qu'ils ne s'en aprochent qu'apres auoir vsé de preseruatifs, si la necessité ne presse grandement ; Et que tant qu'ils trauailleront à cela, afin qu'ils ne gastent leur famille, le magistrat leur pouruoye de demeure publique pour eux, & de personnes necessaires pour les seruir. Ainsi les autres Pasteurs, pourront commodément exercer les autres charges necessaires en l'assemblee publique de l'Eglise ; & en la visitation des malades qui ne sont point contagieux, lesquels autrement n'admettroient pas sans apprehension, ceux qu'ils sçauroient frequenter les maisons infectees. C'est aussi le sentiment des Theologiens qui traictent de cela. Ainsi Iehan Gerrard Theologien de Ienne, au Tom. 6. de ses lieux communs pag. 469. *Il ne semble pas que ce soit chose à reprouuer, si quelque Eglise est pourueuë de plusieurs pasteurs, & qu'il en conuienne entr'eux, qu'on commette à l'vn d'eux, la charge de visiter les malades, & qu'on face retirer en lieux plus asseurez, vn ou plusieurs de ceux desquels l'Eglise peut tirer plus grand proffit & edification.* Ce que Paul Tarnouius, cy deuant Professeur à Rostoch, au 3. liure du Ministere, Chap. 2. raporte de luy, & l'approuue. Semblablement Hierosme Zanchius, au lieu allegué, *pourquoy*, dit-il, *l'Eglise ne commettroit elle vn ou plusieurs, selon la necessité des temps, pour faire cette charge, qui prendroient soin de tous les malades, exemptant de ce trauail ceux qui sont plus necessaires à l'Eglise?*

Le fondement de cette opinion est, Qu'il faut tellement auoir soin du salut d'vn chacun membre, qu'on ait principalement égard à tout le corps, & donner ordre que toute l'Eglise ne soit priuee du Ministere de ses Pasteurs. D'où s'ensuit aussi, que là où il n'y a qu'vn Pasteur commun à toute l'Eglise, il faut aduiser, si on pourroit ſubuenir aux malades contagieux par quelque autre moyen, pour ne le rendre inutile, ou ſuſpect au reſte du troupeau. Ce qui a eſté auſsi ordonné en ce pays, meſme hors le danger de la contagion, pour ſoulager en quelque ſorte les Paſteurs, auſquels on ſubroge, des *conſolateurs* d'vn autre ordre. C'eſt choſe plus difficile és lieux où on adminiſtre la Cene du Seigneur à ceux qui ſont malades, & giſans au lict; Car lors il ſemble que le miniſtere du Paſteur y ſoit du tout neceſſaire, combien que quelques vns ayent eſtimé qu'on le pourroit faire par vne perſonne interpoſee, comme Euſebe rapporte en ſon Hiſt. Eccleſ. liure 6. chap. 34. que le paſteur arreſté au lict, enuoya *vn peu de l'Euchariſtie* au vieillard Seraphion par vn jeune garçon, luy commandant de le tremper premierement, pour le luy faire aualer. Mais l'exemple ne faict point Loy, ſur tout s'il eſt ſeul, & repugnant, comme cetuy-ci, à l'inſtitution de la ſaincte Cene. C'eſt pourquoy Frideric Balduin liure 4. chap. 9. des *il pas außi*, disoit-il, *aimer sa famille & l'Eglise, & auoir égard à l'vne & à l'autre?* Parquoy il concluoit, que le bien public deuoit estre preferé au particulier, & le plus grand au moindre, & qu'il ne falloit pas mettre les generaux à l'auant-garde de l'armee, pource que cela pourroit esbranler tout le corps, s'il en arriuoit de l'inconuenient. Ie pourroy adjouster le jugement de Zacharie Vrsinus, aussi Professeur à Heidelberg, en la seconde partie de son Exercit. Theolog. pag. 514.

Que telle ait esté la commune opinion des Eglises reformees de France, il appert par la response du Synode National tenu à Vitré en Bretagne, au mois de May de l'an 1583. auquel aussi comparurent pour les Eglises du pays bas Michel Forest, pasteur de l'Eglise de la langue françoise à Malines, le Docteur I. Bollius Pasteur à Gand, & Iehan Herã, Ministre à Bruges; l'Article 25. des responses est tel. *A la question proposee par les deputez de Poictou, s'il est expedient que les Ministres de la parole de Dieu visitent ceux qui sont malades de peste? Le Synode a remis cela à la discretion des consistotres: Estimant toutesfois que cela ne se doit que pour de grandes & preignantes raisons, de peur que toute l'Eglise ne soit mise en danger, pour subuenir à quelques particuliers : sinon que la consolation se puisse donner sans peril, & que le malade puisse oüir celuy qui le consolera de loin. Cependant il est d'aduis, que le Pasteur voyant le danger approcher, doit en ses predications preparer le peuple à penitence, par des consolations spirituelles, choisissant pour cela des lieux de l'Escriture faisans à ce propos.*

Duquel article trois choses se peuuēt recueillir, La 1. que ce mal est contagieux, La 2. que chacun doit vser de prudence pour s'en garder, & ne frequenter pas temerairement les lieux infectez, La 3. que où il y a peu de Pasteurs communs à toute l'Eglise, il faut tellement pouruoir à la consolation des malades, qu'on ne nuise point à la plus grande partie de l'Eglise, & que le Pasteur ne soit point rendu inutile au plus grand nombre, pour la commodité du moindre. Qu'en tout cela neantmoins, il faut apporter la regle de charité & prudence Chrestienne.

Entre ceux qui font plus de scrupule sur cela, Louys Lauatecus escriuant sur le 1. liure des Croniq. chap. 21. semble n'approuuer pas qu'on se retire ailleurs en temps de peste: Neantmoins, il ne dit pas qu'elle n'est point contagieuse: au contraire, *Rien n'empesche*, dit-il, *que nous n'vsions de remedes preseruatifs, comme en faisant fumer diuerses odeurs, par lesquels l'air soit corrigé, & le venin chassé.* Il veut que chacun prenne garde à ce qui est de son deuoir & vocation: mais il recognoist que *personne ne se doit exposer temerairement au danger, & que ce seroit tenter Dieu.*

Ie ne voy pas aussi que les Theologiens de l'Eglise Romaine en ayent vn autre sentiment, escriuans des cas de conscience. Leur pratique d'ailleurs, és lieux où leur Theologie a plus de cours, comme en Italie, Espagne, & par tout ailleurs, monstre, qu'ils ont vn grand soin d'empescher que ceux qui sont tant soit peu suspects de contagion, ne frequentent les leslieux ou personnesqui nesõt point infectees. D'où procedent lesquestiõs des *Sommistes*, touchant le jurement exigé de ceux qu'on craint venir de tels lieux, sçauoir s'ils le peuuent nier auec serment, pour n'estre tenus à faire la quarantaine dehors, s'ils croyent qu'ils ne porteront aucun dãger à ceux qui les receuront; & s'ils peuuent vser d'equiuocation & ambiguité en leurs responses. Car ils tiennent tous, *qu'ils le peuuent, s'ils croyent auec raison, qu'encore qu'ils viennent d'vn lieu infecté de peste, ny eux, ny rien de ce qu'ils portent auec eux, n'en est infecté*; autrement, *il ne seroit nullement licite de jurer, quand il y auroit danger de contagion*. Ainsi le Cardinal Toleto liu. 4. ch. 21. de sa somme. Le Iesuite Lessius *de just. & jure*, cap. 42. dub. 9. nu. 47. Le Iesuite Sanchez, *Moral. Tom. 2. lib. 3. cap. 6. num. 35*. Et plusieurs autres. Laquelle coustume de jurer en equiuoquant, combien que nous la reprouuions entierement; elle monstre toutesfois qu'entre ceux de l'Eglise Romaine, en temps de contagion, telles precautions de la retraicte en autres lieux, & de l'esgard qu'on doit auoir sur ceux qui peuuent communiquer le mal, ne sont pas seulement permises, mais encore commandees par les Loix. Le droit Canon aussi ordonne, *que s'il arriue que la peste infecte le lieu auquel est establie vne Vniuersité, alors les Escholiers & Professeurs, se pourront retirer en quelque ville voisine, ou en quelque bourgade, & qu'alors les priuileges donnez au lieu où est l'Vniuersité, les suiuront au lieu de leur retraitte.* Comme le raporte Pet. Gregor. de *Repub. lib.* 18. *cap.* 6. *num.* 10. I'apprens aussi de Molanus en la Bibliotheque des matieres, que Gabriel biel, & Louys Berus, ont escrit *de la fuite de la peste*, mais ie n'ay point recouuré leurs liures, & d'ailleurs en vne chose claire, il n'est point besoin de multiplier les tesmoins. Es actes du Concile de Trente, en la Session VIII. se trouue celuy de la Translation qui en fut faite pour vn temps à Bologne, fondee sur le danger de la peste, à cause de laquelle ils declarent, que *les Prelats ne pouuoyent estre detenus à Trente sans peril de leur vie, & qu'il n'estoit pas raisonnable de les y contraindre.*

I'estime donques auoir assez de raison, pour n'estre point d'autre aduis en cela, que ceux desquels i'ay representé les iugemens, puis qu'ils me semblent conjoindre prudemment ensemble ces deux choses necessaires, la foy enuers Dieu, & la charité enuers le prochain. Ie ne doute point, que ce mal ne soit enuoyé de Dieu pour des causes tres-justes, comme aussi ie sçay qu'il en menace les transgresseurs de ses loix. Leuit. 26.v.25.Deut.28.v.21.Nomb.14.v. 11.& 12.Ierem.24.v.10.Ezech.6.v. 12.Ie sçay, que le *Sainct venant du mont Paran, Mortalité marchoit deuant luy, & le charbon sortoit à ses pieds.* L'Ange qui fut veu sur Ierusalem, 2. Sam. 24.v. 16.monstroit bien que cette peste qui auoit abatu tant d'hommes en si peu de temps, venoit de Dieu. On peut y adjouster l'exploit de celuy qui en vne nuict au camp des Assyriens fit mourir cent quatre vingt-cinq mille hommes. 2.des Roys 19.v.35. Il y a plusieurs Historiens qui recitent, que on a veu en temps de peste à Rome, à Constantinople, & à Pavie, vn bon

& vn mauuais Ange passant la nuict par les ruës, & toutes les fois que cetuy-cy, par le commandement de cetuy-là, frappoit à la porte de quelque maison auec vn dard qu'il auoit en main, autant de coups qu'il frappoit, autant il y mouroit de personnes. Voyez sur cela Paul Diacre, au liure de l'Hist. Rom. 19. Et Evagrius, au liure 4. chap. 28. Et ce que recite Sigonius. *de Reg. Ital.* lib. 3. apres Sigebert en sa Chronique, des visions d'estrangers auec vn visage affreux entrans dedans les maisons de Constantinople, & y frappans les hommes. Les Payens mesmes n'ont pas ignoré que Dieu irrité n'ait enuoyé d'horribles pestilences, d'où est procedé qu'ils se sont trauaillez d'appaiser leurs Dieux en diuerses manieres. Ainsi les Romains en temps de peste, instituoient en leur honneur des jeux de Theatre, Comme tesmoigne Orosius contre les gentils liure 3. chap. 4. Autresfois, ils ont feuilleté les liures des Sybilles, pour s'enquerir de ce qu'il conuiendroit faire, comme recite le mesme auteur, au liure, 4. chap. 5. Mais nous auons les vrays oracles de Dieu par ses prophetes, qui nous apprennent que le vray remede à ce mal, consiste en vne serieuse repentance. 2. Chron. 7. v. 13. & 14. *Si i'enuoye*, dit le Seigneur, *la mortalité parmi mon peuple, & que mon peuple sur lequel mon nom est reclamé s'humilie, & face requeste, & recerche ma face, & se destourne de son mauuais train, adõc ie l'exauceray des cieux, & pardonneray leurs pechez & gueriray leur terre.* C'est à cét exercice auquel il se faut principalement appliquer, sans lequel on ne peut rien gagner, ni en se retirant, ni en vsant de preseruatifs, ni en perfumant ou netoyant les maisons, ne en allumant des feux, ni par l'vsage de quelque remede que ce soit, procedant des causes naturelles. Ceux-là se trompent, qui pensent pouuoir faire alliance auec la mort, sans auoir premierement appaisé Dieu. Vous auez dit, *nous auons traitté accord auec la mort, & auons intelligence auec le sepulchre. Quand le fleau desbordé trauersera, il ne viendra point sur nous; car nous auons mis mensonge pour nostre retraite, & nous sommes cachez sous fausseté.* A ceux qui font ainsi leur compte, Esai. 28. v. 15. Nous pouuons respondre, que Dieu les sçaura bien tirer de leurs cachetes, & leur dire, *i'enuoyeray la mortalité*, dedans vos villes, *& le sang en leurs places.* Ezech. 28. v. 23.

Ceux-là aussi ne sont pas moins à detester, lesquels abusans du nom de *confiance* & *asseurance* en Dieu, & faisans profession de mespriser la mort, ne sont point émeus de tant de funerailles, au milieu desquelles ils se donnent du bon temps, enseignez en l'eschole de ceux, lesquels *au iour que l'Eternel des armees les appelle à pleurs, & à ceindre le sac*; s'adonnent à *ioye & liesse, tuent des bœufs, egorgent des moutons, mangent la chair, & boiuent le vin*, puis disent, *mangeons & beuuons car demain nous mourrons*, Esai. 22. v. 12. & 13. I'ay eu certes horreur d'vne si grande stupidité quand i'ay appris, qu'en quelques lieux, au plus fort de la pestilence, on oyoit presque tous les iours les cris de ceux qui faisoiēt grād chere & beau feu, cōme on dit, beuuoient d'autant & dansoient, ésmaisōs mesmes, qui venoient d'estre fraschement priuées de ceux qui les habitoient : qu'on oyoit mesmes par les ruës des villes, le bruit insolent de ceux, qui venans de conuoyer les morts à la sepulture, outre les beuueries accoustumees, y adioustoient peu de iours apres les resiouyssances des banquets nuptiaux de ceux & de celles, desquelles les parties venoient d'estre portees en terre. Quelle barbarie? Quel estourdissement? Certes, ces choses me reduisent en memoire ce que disoit S. Augustin au 1. liure des mœurs de l'Eglise Catholique, chap. 34. *I'en cognoy plusieurs qui boiuent tres luxurieusement sur les morts, & presentans des viandes aux trespassez, s'enseuelissent eux mesmes sur ceux qui sont dans le sepulchre, & attribuent à religion leurs gourmandises & yvrongneries.* Veritablement, cette coustume de boire apres les enterremens, m'a tousiours desplen, & à plusieurs autres, à laquelle nous ne pouuons donner autre source que des festins mortuaires des payens. Mais encore, s'il falloit conceder quelque chose à la coustume, quand peu de gens meurent, & de leur mort naturelle; faudroit il faire le mesme, voire vser d'vne plus grande licence, quand nous sommes appellez *à pleurs, & à deüil, & à ceindre le sac?* Doit on donques trouuer estrange. *Si l'Eternel des armees* a protesté contre telles gens, *Si iamais cette iniquité vous est pardonnee que vous n'en mouriez?* Esai. 22.v.14. Ainsi lors que entre les Corinthiens, *on mesprisoit l'Eglise de Dieu, on faisoit honte*, en banquetant, *à ceux qui n'auoient point de quoy quand l'vn auoit faim & l'autre faisoit bonne chere*, & ainsi se profanoit la cene du Seigneur, *Pour cette cause entr'eux plusieurs furent foibles & malades, & plusieurs dormirent*, pource qu'ils ne se iugeoient pas eux mesmes, pour n'estre point iugez, 1. Cor. 11. vers. 21. 30. & 31. Si nous ne tremblons à ces iugemens de Dieu, que faut-il attendre de nous desormais, sinon que Dieu en die de mesme que des Israëlites, Esai. 1. v. 5. *A quel propos seriez vous encore battus; vous adiousterez reuolte, toute la teste est en douleur, & tout le cœur est amatti.* Quoy? que mesmes à ces gourmandises & yvrõgneries s'est joincte l'auarice ; de ceux qui beent apres les biens de ceux qui meurent, & courent tellement pour les piller, ou s'en saisir sous quelque tiltre, que mesprisans tous dangers, à peine veulent ils attendre la sepulture des corps infectez? Et toutesfois nombre de telles gens inuectiuent contre ceux qui vsent de quelque prudence pour se conseruer, & se vantent de leur foy & charité, à quel droit ie vous laisse à penser. Croyez vous donques que ce soient signes d'vne vraye foy enuers Dieu, de rire quand il frape? & non plustost si on tremble sous ses iugemens, pour implorer son aide?

L'esperance neantmoins que nous deuons auoir en luy, quand par prieres & sainctes promesses nous luy demandons qu'il destourne le mal que sa main a faict, & implorons sa misericorde, qui retarde ou face cesser du tout le rauage que faict l'Ange destructeur, ne doit pas nous faire negliger ce qui se peut legitimement employer des causes secondes, lesquelles aussi sont soubmises à Dieu, en ſorte toutesfois qu'il leur donne leur efficace. Car puis que la pluſpart ſont d'accord, que la peſtilence eſt tellement enuoyee de Dieu, qu'il y a ſouuent des cauſes naturelles de ce mal tant en ſon commencement le plus ſouuent qu'en ſes progrés preſque touſiours; qui peut empeſcher, que nous n'employons auſſi les cauſes contraires, pour abbatre la force des malignes, ſous la benediction de Dieu? Qui ne ſçait que la peſte ſouuent prend ſon origine de quelques infections & corruptions qui demeurent és colaques & lieux qui ne ſont point nettoyez? Quelques-fois auſsi de ce que le ſoleil par vne chaleur & ardeur extraordinaire, eleue de la terre les vapeurs contagieuſes, par leſquelles les corps venans à s'alterer, & languir par la reception d'vn mauuais air non accouſtumé, ſont ſaiſis & conſumez de maladies peſtilentielles? Certes Diodore Sicilien, au 12. liure de ſa Bibliotheque hiſtoriale, remarque fort bien, que les eaux croupiſſantes, eſchauffees par la chaleur du ſoleil, eleuent des vapeurs groſsieres & de mauuaise odeur, lesquelles s'espandans infectent l'air ; & que les fruits de la terre qui en sont humectez, succans vne qualité & vn suc venimeux infectent ceux qui en mangent : & que si les vents annuels ne rafreschissoient la chaleur de l'esté elle nuiroit grandement ; Marsille Ficin en ses Antidotes epidemiques, chap. 2. adiouste, que *la vapeur pestiferee, quand elle est vniuerselle, procede de quelques constellations malignes, principalement de la conionction des planettes Mars & Saturne és signes humains, & des Eclipses des grands luminaires &c.* Remarquant aussi, ce que nous auons dit, qu'és pestilences particulieres, la cause se remarque en la qualité des vents, & és vapeurs malignes des eaux endormies & des cloaques, comme aussi és tremblemens de terre : & que tousiours elle domine en vn air grossier, marescageux, nubileux, & puant. Desquelles causes, aucunes se trouuent en ce pays, notamment és villes & lieux lesquels la peste a plus de cours.

Quoy donc ? Si le magistrat prenant soin de la Repub. & de leurs subjets, commande qu'on repurge & nettoye les egouts, qu'on remuë & renouuelle les eaux croupissantes, qu'on tempere la trop grande humidité de l'air par des feux souuent allumez, qu'on donne ordre que les maisons infectees ne soient point habitées par des nouueaux locataires, deuant qu'elles ayent esté bien nettoyees, perfumees & aeriees pour y rappeller vn air plus salubre; faudra-il pour cela l'accuser d'impieté, comme s'il se vouloit eleuer contre la main de Dieu & le combatre? Comme si plustost il n'y auroit pas raison de dire qu'il resisteroit à la volonté & ordonnance de Dieu, si n'ayant point soin de la seureté & conseruation de ceux qui sont commis sous sa charge, apres auoir ordonné & enjoinct premierement ce qu'on doit faire pour recourir à Dieu, il ne mettoit toute pierre en œuure, & ne tentoit tous legitimes moyens, par lesquels la violence de ce mal fust retenuë & diminuee. Nous maintenons donc, qu'il est du deuoir de sa charge, que non seulement

seulement il ordonne & commande ce que nous venons de dire;mais aussi qu'il reprime ceux, lesquels estans desnuez de toute charité enuers leurs prochains, se fourent pesle mesle parmy les autres, quand ils sortent immediatement des lieux infectez, sans aucune marque par laquelle on puisse les discerner, non plus que les maisons & les personnes de ceux, qui ne sont pas encore du tout gueris, desquels plusieurs se viennent seoir pres des autres és Temples & autres lieux publics; ceux aussi qui ouurent leurs boutiques& vendēt ouuertemēt leurs marchandises au mesme iour, ou peu apres que les corps pestiferez en ont esté emportez. Laquelle licence certes, est telle en ces pays, qu'il ne faut pas s'estonner si la peste s'y espand si fort; mais bien se faut emerueiller, cōment elle y peut cesser.

Digression sur les enterremens.

IE vous prie de me permettre que ie face ici vne petite digression, laquelle toutesfois ne sera point hors de propos; & que ie die mon aduis & sentiment, sur ce que les corps des trespassés, mesme durãt ceste cõtagiõ, s'enterrent indifferẽment non seulement en l'enclos des villes, mais dedãs les tẽples mesmes, où les peuples s'assẽblent pour le seruice de Dieu. Il y a plusieurs annees que i'en ay touché quelque chose en vn escrit public; mais ie n'auois iamais veu en ce tẽps-là aucun exẽple, nõ pas mesmes entre ceux de l'Eglise Romaine, d'vn corps mort de peste, enterré en vn Temple: Et faut que ie confesse, que ie l'ay veu en ce pays auec horreur : en sorte mesme, que durant le presche, demeuroient de grandes fosses toutes ouuertes, esquelles desia estoient accumulees plusieurs bieres nouuellement enterrees qui en attendoient d'autres, & falloit passer sur la fosse non encore remplie. Il me sembloit que cette façon de faire ne s'eloignoit pas fort de ce que font ceux qui empoisonnent les fontaines publiques, ce qu'ils ne pourroient faire auec vn effect plus certain, que s'ils mettoient dedans ces eaux des corps pestiferez. Ce que ie dis neantmoins, en faisant grande difference des intentions &

mouuemens de telles personnes. Car ceux ci, le font malicieusement, & ont pour but de nuire à leurs prochains : ceux là au contraire par quelque espece de charité enuers les defuncts, & en intention de leur faire honneur. Mais certes, on pourroit par autre voye honorer les trespassez, que par vn moyen nuisible & pernicieux aux autres membres de l'Eglise qui respirent & viuent encore.

I'ay leu quelques auteurs, qui ont escrit ce qu'ils ont eux mesmes veu & remarqué des mœurs & façons de diuers peuples & nations parmi lesquelles ils ont voyagé, & notamment touchant la sepulture des morts. I'en ai veu aussi & ouy, qui auoient faict de grands voyages és principales parties du monde habitable. Ie les voudroy bien prendre à tesmoins, si en tout l'Orient, ou en cette partie de l'Europe, qui est occupee par l'Empereur des Turcs ; où en autres diuerses prouinces d'Asie ou d'Afrique, ils ont iamais veu, mesme entre ceux que nous appellons Barbares, qu'on y ait rempli de corps morts, les lieux destinez au seruice de la Religion ? Si cela est de la pratique des Chrestiens espars entre ces nations? Il me souuient, qu'ayant n'a pas long temps entretenu sur cela, quelques vns de ceux qui en pouuoient respondre, on m'asseura qu'ils tenoient ces lieux si nettement, que bien loin d'y ensepulturer communément les morts, ils ne le permettoient pas mesmes aux Empereurs.

Ie n'estime pas qu'il soit necessaire de m'estendre longuement à prouuer, que cela n'a pas esté permis jadis entre les gentils en l'enclos des villes. C'est chose qui est hors de dispute, qu'entre le peuple de Dieu les sepultures des morts estoient hors des villes, & que tous ceux desquels l'escriture nous parle, qui ont esté ensepulturez, ont esté portez hors de l'enclos des villes où ils habitoient viuans, Genes. 25. v. 9. Marc. 5. v. 2. 14. Luc. 7. v. 12. Iehan. 11. v. 3. & 31. si on n'en excepte les Roys, qui estoient ensepuelis *en la cité de Dauid*, mais en lieux choisis hors la frequentation ordinaire des viuans, en quelques grottes qui se trouuoient és iardins, en vn lieu montueux. Ie n'insisteray point sur ce que les Atheniens par loy expresse enterroient leurs morts hors le circuit de leur ville ; que les portes d'icelles estoient appellees en grec ἠρίαιαι c'est à dire *mortuaires*, du mot ἠρίον qui signifie *vn mort*, pource qu'on sortoit par elles pour emporter les morts dans leurs sepulchres, lesquels on marquoit pres des portes des villes, és limites des champs, ou és chemins: Que par les loix des douze tables estoit defendu *d'enseuelir ou brusler vn corps dans la ville*. Que l'Empereur Adrian, non seulement defendit que les morts fussent inhumez dedans Rome, mais ordonna le mesme de toutes les villes de l'Empire, auec cette raison, *afin que le sainct droit des villes priuilegiees ne fust pollué*, ou cõme dit le Iurisc. Paul, *que les choses sacrees de la cité ne fussent contaminées*, liure 12. chap. *de Relig. & sumpt. funer. Paulus lib. 1. Sent. Tit.* 21. Car le droit Pontifical des Romains, ne permettoit point, *qu'vn lieu public fust obligé à la religion priuee des sepulchres*, comme

Ciceron a remarqué. Nous auons aussi le tesmoignage de Varron, au liure 5. de la langue latine, *que les monumens & sepulchres estoient le long du grand chemin*, *afin qu'ils admonestassent les passans*, que ceux qui y estoyent inhumez *auoient esté*, *& qu'eux mesmes*, qui y passoient, *estoient mortels*. Il y en a qui par liures expres, ont traicté cette matiere, des coustumes, façons & loix des anciennes funerailles, qu'il n'est point besoin de copier, on y peut auoir recours. Seulement faut il remarquer, que cette cause mentionnee és loix Romaines est perpetuelle, que les priuileges des villes & les choses sacrees estoient *contaminees* par les corps morts, non certes d'vne pollution ceremonielle, comme entre les Iuifs; mais physique ou naturelle, qui consiste en cecy, que non seulement l'air prochain à l'ouuerture des monuments, est infecté par les vapeurs qui sortent de la terre; mais aussi les eaux des puits, lesquelles coulent & penetrent par tels lieux, sur tout és pays esquelles elles ne sont pas profondes comme ceux-cy, prennent la qualité des corruptions qui y sont encloses.

Ie lisoy il y a peu de iours en vn escrit de Lylius Gregorius Giraldus touchant les sepultures, que c'estoit bien vne ancienne coustume d'enseuelir les corps dedans les villes, & mesmes au dedans des maisons ; que de là aussi estoit procedee la superstition de ceux que les latins appelloient *lares & penates*, comme Dieux tutelaires domestiques que les gentils seruoient religieusement : Mais *incontinent*, dit-il, vne telle coustume fut abolie, comme estant *orde & abominable, & fut du tout ostée*: ce qu'il prouue, citant les mesmes loix, que i'ay cy deuant alleguees; adjoustant ce qui suit, & qui sert entierement à nostre propos. *Ie voy qu'entre les raisons qu'on apporte, pourquoy les corps morts ne doiuent point estre enterrez au dedans des villes, celles cy soit les principales, à sçauoir qu'vne ville libre, sont moins atteinte d'vn air pestilentieux par la mauuaise odeur qu'exhalent les corps morts : & que ceux qui passent leur chemin, voyans les monuments dehors les villes, soient incitez à loüer ceux ausquels ils ont esté dres-*

sez, & aduertis d'entreprendre des actions genereuses : afin aussi que si les ennemis approchoient pour les troubler, en defendant les sepulchres aux dehors, ils se rendissent plus courageux, pour les empescher d'approcher de leurs murailles.

Continuant son propos il blasme grandement les mœurs & façons de ce temps. *Maintenant*, dit-il, *nos Chrestiens, tant ils sont esloignez des sainctes institutions de nos ancestres, n'enseuelissent pas seulement les corps des morts en l'enclos des villes; mais aussi dedans* LES TEMPLES *mesmes, chose estrange! voire dedans les chœurs & chapelles, esquelles les cendres & reliques des saincts sont enfermees & venerees selon la religion de nos majeurs, on met à present les corps de tres-meschans & scelerats garnemens; à la mienne volonte qu'on n'y enfermast pas les ordes charoignes de plusieurs impies & profanes! ce qui m'apporte vn extréme desplaisir, pource qu'on le faict contre les loix & institutions de nos predecesseurs.* Ainsi parloit cét homme qu'oy que d'ailleurs affectionné à la Religion romaine, en laquelle cette coustume a esté introduite par la superstition & l'auarice. Car ce qu'il dit de ses ancestres, il ne l'entend pas seulement des Romains payens, mais aussi de ceux qui font profession du nom Chrestiẽ, entre lesquels és premiers siecles & moins corrompus, & mesme en quelques autres empirez, cette coustume n'estoit point en vsage. En tesmoignage dequoy nous produirons les Constitutions Imperiales qui le defendent, comme és Capitulaires de Charlemagne & de Loüis le CLIX. porte expressément, *que doresnauant* NVL *n'enseuelisse vn mort en l'Eglise.* Et au chap. 2. art. 47. que cette *constitution qui a esté faicte par les saincts Peres soit gardee, de n'enseuelir les morts és Basiliques*, c'est à dire és Temples.

Aussi le president Duranti, au liure qu'il a escrit touchant les Ceremonies de l'Eglise qu'il appelle Catholique, en la 1. part. chap. 23. confesse, que *telle a esté la religion des anciens Peres, que les corps des morts ne fussent enseuelis és Eglises.* Et de cela se trouuent encore les Canons des Conciles de Vaison, l'an 443. de Tribur, l'an 895. & de Nantes, presque au mesme temps, comme ils sont alleguez par le mesme Duranti. Certes le Canon 17. du Concile de Tribur, dessend d'enseuelir aucuns laïcs dedans les Eglises, & commande *que les corps qui y sont enterrez de long temps, n'en soict pas jettez hors, mais qu'on face dessus vn paué, où il ne demeure aucune trace de sepulchre, & qu'ainsi soit conseruee* la reuerence deuë à l'Eglise. Que où il est difficile de faire cela, à cause de la multitude des corps morts, le *lieu soit conuerty en cemetiere, que l'autel en soit osté, & transporté en lieu, où on puisse offrir religieusement le sacrifice à Dieu.* D'où appert qu'on tenoit pour lors, que c'estoit faire contre la *reuerence* deuë à *l'Eglise*, d'enterrer les morts en l'enclos d'icelle, & que les sacremens n'estoient pas administrez *religieusement* és lieux remplis de corps morts. Mais la Constitution du Concile de Braga en Espagne est tres-expresse, recitee par Burchard au liure 3. de ses decrets, chap. 157. *Il nous a pleu*, disent-ils, *qu'en aucune maniere les corps des morts ne soient enseuelis és basiliques*, où ils adjoustent, *que les villes de France tiennent encore ce preuilege tres ferme, qu'en nulle façon, le corps d'aucun mort ne soit enseuely dedans l'enclos de la ville.* C'est le Canon 36. du 1. Concile de Braga, tenu sous le Roy *Ramirus*, auquel *ce priuilege* n'est point restraint aux villes de France, mais estendu generalement, combien que *Burchard* ait adjousté le nom de *France*, où il est parlé des villes sans determination. Ce concile fut tenu, selon Baronius, l'an de Christ. 563.

Duranti recognoist que cette constitution est PIEVSE, *renouuellee & confirmée par Charlemagne*: que seulement jadis on defera aux Empereurs qu'ils fussent enseuelis és *porches* des Eglises, mais que cela n'estoit permis à aucun autre. *Mais maintenant*, di-il, *par vne coustume receuë, contre les loix & institutions de nos ancestres, les Chrestiens, non seulement les Empereurs & les Prestres, mais aussi les laycs par tout, ont permission d'estre enterrez au dedans des Eglises.*

Or appert il que cette coustume a esté introduite par de mauuaises mœurs, comme sont l'ambition, la superstition, & l'auarice. Car voyans que par vn priuilege special, cela auoit esté concedé aux grands qu'on les enseuelist premierement és porches des Temples, & en suite peu à peu au dedans mesmes d'iceux, ce qui fut aussi accordé par honneur aux Euesques & autres personnes Ecclesiastiques; Ceux qui estoient en quelque autorité, & considerables pour leurs charges, ou pour leurs moyens desirerent le mesme; & pour l'obtenir, leguoient quelque chose par testament: d'où puis apres aduint que la porte fut ouuerte à toutes sortes de personnes par la clef d'or ou d'argent, combien qu'au commencement, quelques Conciles s'y opposassent, defendans de *vendre la sepulture*, comme on le peut voir au Canon 16. du Concile de Tribur, cy dessus mentionné, & aux Conciles de Vaison & de Nantes. *Qu'il soit interdit*, disent-ils *à tous Chrestiens de vendre la terre aux morts, & leur refuser la sepulture deuë*. Sur quoy Hierosme, auoit faict auparauant vne consideration sur le chap. 23. de Genese: *sçachent* disoit-*il ceux qui vendent les sepulchres,*

&

& ne sont point contraincts d'en prendre le prix, mais l'extorquent, mesme de ceux qui ne le veulent payer, que leur nom est changé & qu'ils perdent de leur merite. Et Greg. 1. liure 7. Epist. 15. reprend Ianuarius Euesque de Sardaigne, qui auoit *exigé* de Nereide femme honorable *cent sols pour la sepulture de sa fille.* Mais Gregoire luy mesme, qui auoit voulu mettre des bornes à l'auarice, luy donna cours, quant au liure 4. de ses Dialogues, Chap. 10. il enseigna, *qu'aux morts qui ne sont point chargez de griefs pechez, proffite d'estre enterrez en l'Eglise; pource que leurs proches, frequentans ces sacrez lieux, se souuiennent toutes les fois qu'ils s'y trouuent, des leurs desquels ils voyent les sepulchres, & prient Dieu pour eux.* Car cela vne fois posé, & la superstition s'augmentant tous les iours, il n'y eut si petit qui ne desirast cela, & qui ne voulust rachepter ce priuilege; ce qui accreut les suggestions pour estre aduantagés és testamens, & le traffic de diuerses places és temples, venduës à proportion, des degrez, & du voisinage des autels, grands ou petits. La-

quelle porte vne fois ouuerte, le gain deshonneste y entra auec telle impetuosité, qu'il occupa ces lieux entierement: en sorte que la *maison d'oraison* fut faicte derechef *vne* cauerne de brigands, en laquelle tout estoit à vendre, & n'y auoit personne qui peust mourir & estre enseueli sans payer.

Comment donc est-il arriué que ce que les superstitieux mesmes aduoüent auoir esté faict *contre l'institution des anciens*, *contre l'honneur de Dieu, & du seruice religieux*, que les temples eussent esté ouuerts aux corps morts, & transformez en sepulchres: cela mesme toutesfois, qui est tenu pour vne tres-mauuaise coustume, par ceux qui auoient degeneré iusques-là; ait esté retenu, & en quelque façon accreu, par ceux qui font profession d'auoir abjuré toutes les autres superstitions & abus de la papauté, tellement que ce ne soit plus vn priuilege de peu, mais vn droit commun, de tous ceux qui ont de l'argent, joinct toutesfois au prejudice du public? Est-ce que la superstition soit encor' attachee à l'esprit de quelques vns, qui pensent que la sainctetè des lieux proffite au salut des ames, desquelles les estuis sont gardez-là? On pourroit croire cela de ceux de l'Eglise Rom. qu'on y enseuelist en ce pays, pesle mesle auec les autres. Mais puis que le droit Canon, tient pollus les temples occupez par ceux qu'ils estiment heretiques, tant viuans que morts, ie ne me puis pas persuader que les Papistes qui habitent parmy nous, soient attirez par la religion du lieu, pour desirer vne telle sepulture. Quelles causes doncques peuuent mouuoir les nostres de la leur accorder, ou la procurer à ceux de nostre religion? Diray-je ce qui en est? le vent de l'ambition y pousse les vns, & l'auarice y porte les autres. Ie ne voy pas à quoy cela se puisse raporter qu'à ces deux causes. Les riches, ou ceux qui veulent estre reputez tels, ne veulent pas auoir leur sepulture commune auec les pauures. Il estiment plus honorable s'ils sont ensepulturez au dedans des temples, que s'ils estoient sous le couuert du ciel, envn cemetiere commun, pour y attendre la resurrection. Ceux d'autre part qui administrent le reuenu des Temples, ne veulent pas que le gain soit diminué, qui leur est semé & que ils moissonnent, de la sepulture des Trespassez dedans les Temples. C'est d'où vient le mal. Ie sçay qu'on prēd pour pretexte, qu'vne partie de ce gain vient au profit des pauures, & autres vsages de l'Eglise. Mais on pourroit par autres moyens y pouruoir, que par ceux qui ne sont ni honnestes, ni sans danger. *Ma maison sera appellee maison d'oraison*, dit le Seigneur, Ierem. 7. v. 11. Marc. 11. v. 17. Elle ne doit donques pas estre bastie pour en faire vn sepulchre commun. *Les morts ne loüeront point l'Eternel, ne ceux qui descendent là où on ne dit plus mot.* Ps. 115 v. 18. Les temples ne sont pas lieux *où on ne dit mot*, mais en iceux doiuent retentir la parole de Dieu, le chant des fideles, & la voix de ceux qui prient. Que ont doncques les morts de commun auec les Temples, puis qu'ils ne peuuent plus ouyr la parole de Dieu, ni faire leurs prieres, estans aussi en estat auquel on ne doit faire prieres pour eux;& quand cela se pourroit, ou deuroit, la presence de leurs os & de leurs cendres n'y est pas necessaire?

Quelqu'vn me pourra dire que les viuans desirent, qu'apres leur decés on les enseuelisse dãs les Tẽples pour tesmoigner leur foy mesme apres la mort, & leur esperance touchant la resurrection à venir: & qu'ils ont vescu en la profession de la religion de laquelle les exercices se font en tels lieux. A l'exemple de Ioseph, lequel mourant en Egypte, voulut que ses os fussent transportez en la terre de Canaan, pour tesmoigner l'asseurance qu'il auoit, que Dieu selon ses promesses donneroit cette terre là à la posterité d'Abraham. Mais outre que l'exemple de Ioseph ne faict rien pour la sepulture és maisons d'oraison, & que les temps de la pedagogie sõt passez;on ne peut dire que telle soit l'intention de ceux qui enterrent en ce temps les morts dedans les Temples. Premierement, pource que cela se permet à ceux qui sont du tout ennemis de nostre religion, & que j'en ai veu plusieurs en France, entre les nobles, qui vouloient estre enterrez dedans les Temples papistes, où ils auoyent leurs sepultures, cõbien qu'ils detestassent de tout leur cœur le seruice qui s'y faisoit. Secondement, si la chose estoit ainsi, & qu'on eust pour but de tesmoigner sa foy & son esperance, il ne faudroit pas que cela fust accordé à quelques vns, & que les autres fussent exclus qui n'auroient pas dequoy payer. Finalement, s'il n'y auoit point d'autres moyens de tesmoigner sa foy & son esperance plus propres & plus necessaires, cela pourroit auoir quelque couleur. Mais puis que nous en auons d'autres plus conuenables, pourquoy desirer cettuy-là qui est cõtre l'hõnesteté & l'vtilité publique, & introduit par la corruption du temps, cõme on nous a aduoüé? Ce seroit autre chose, si vn hõme Chrestien, mourant en vn pays infidele, ordonnoit que ses os fussent transportez en vn pays Chrestien, pour estre mis au cemetiere de ceux de sa profession. Pour cettuy-là on pourroit alleguer l'exemple de Ioseph;mais non pas pour l'abus duquel nous parlons, non plus que pour le transport des reliques pour les faire seruir à l'idolatrie.

Si on replique, que ceux qui demandent sepulture dans les Temples, ont egard à ce que leurs ancestres y reposent : Ie respons que cela ne se peut pas dire de tous, veu qu'on y enterre plusieurs estrangers, & plusieurs aussi desquels les predecesseurs sont enterrez en autres lieux. D'auantage, puis que les Temples sont de droit commun, quelle raison peut on donner pour approuuer la coustume d'y vendre, ou d'y achepter possesion de sepulchre? I'adiouste, que les ancestres, dont on parle, ont eleu telles sepultures pour eux & les leurs, par vne creance superstitieuse, que nous n'auons plus par la grace de Dieu, & par consequent que les descendans mieux instruicts, doiuent laisser telles sepultures, pour ne se rendre point suspects, comme s'ils retenoient encore quelques restes du leuain de la vieille superstition.

Ce que i'ay dit de l'ambition est verifié à la veuë des parois des Temples. On en a osté les monuments & instruments d'Idolatrie, on y a effacé les images, & brisé les statuës qui auoient esté changées en idoles, pour leur substituer les marques & signes de nostre vanité, afin que les colomnes & parois des temples tapissees de tous costez de tableaux de vaines armoiries, donnassent matiere de scandale aux infirmes, & de mocquerie aux aduersaires; qui voyent, qu'à l'enui, chacun veut surpasser l'autre? en sorte que l'eschole de nostre humilité & abiection, est changee en vn monument d'orgueil, & d'ambition; & qu'és mesmes parois, où sont escrits les commandemens de Dieu, & la confession de foy, se voyent affichez, que ie ne die pis, les profanes armoiries & enseignes des hommes vains. Toutes lesquelles coustumes tirent apres elles de grandes despenses, & frais non necessaires, en sorte que souuent les familles suruiuantes se trouuent incommodees de ceste superfluë profusion.

Ie ne doute point que pour tels &

semblables abus, ne gemissent les fideles Pasteurs, & qu'ils ne desirent que cela soit corrigé, supportans cependant, ce qu'ils ne peuuent approuuer; imitans, peut estre, en cela S. Austin, lequel *pour euiter le scandale de quelques personnes, ou sainctes, ou turbulentes, n'osoit reprouuer si librement qu'il eust voulu, plusieurs obseruations qu'il ne pouuoit approuuer*, comme il confesse luy mesme en l'Epist. 119. à Ianuarius, ch. 19. Cependant puis que le mal en est venu jusques à ce poinct, qu'il est grandement prejudiciable à la Repub. & à l'Eglise, i'espere qu'ils feront ce iugement auec moy, qu'il est besoin d'y apporter remede, lequel partie doit venir d'eux, partie du Magistrat religieux & prudent. D'eux quand par la parole de Dieu ils enseigneront au peuple, qu'il ne se doit point attacher à telles choses, qui sont vaines, non necessaires, & nuisibles, & le destourneront de toute superstitiõ & vanité. Du Magistrat, recognoissant qu'il a principalemẽt interest, que ceste coustume inueteree, ne prenne plus si profonde racine, & ne s'estende plus lõg temps. Si cela se peut faire, que le Magistrat, les Pasteurs & le peuple conuiennẽt en ce sentiment, que les temples demeurent libres à l'vsage des fideles viuans: alors en iceux la terre ne sera plus remuee, laquelle à peine peut suffire à consumer tant de corps: d'où il aduient aussi quelquefois, que les os encore tous humides & purulents, sont exposez aux yeux des assistans. Si dedans l'enclos des villes, il y a quelques cemetieres, qu'on les conserue, afin que s'il aduenoit que les habitans reserrez par les ennemis, ne peussent seurement sortir, ils eussent dedans leur enclos, moyen & lieu propre pour enseuelir les morts. En autre temps, qu'ils choisissent hors des villes des cemetieres spacieux, enuironnez de fossez, & s'ils veulent, de murailles, esquels on puisse honnestement ensepulturer les Chrestiens de toutes conditions: sur tout quand la pestilence a cours. Car alors, il n'y aura pas tel danger, qu'en des lieux renfermez, où les vapeurs peuuent occuper & infecter tout l'air enclos. Il n'y aura point tant de crainte pour les infirmes, laquelle en ce cas là eſt telle, qu'elle peut ſaiſir vn homme d'ailleurs conſtant & courageux. Ils ne viendront point auec apprehenſion au lieu de l'oraiſon, & quand ils conduiront les corps hors des villes, ils pourront penſer à ceſte obſeruation de Chryſoſtome, en l'Homelie de la foy & loy de nature, *Toute cité, toute bourgade a ſes ſepulchres à l'entree afin que celuy qui veut entrer en la ville qui commande & qui eſt affluente en richeſſe, puiſſance, & autres dignitez, apres qu'il a veu ce qu'il conçoit en ſoy meſme, conſidere ſur tout ce qui ſe faict. Deuant les portes ſont les ſepulchres, deuant les champs ſont les ſepulchres. Par tout deuant nos yeux eſt l'Eſchole de noſtre humilité.* Encor à preſent en France, à peine ſe trouue-t'il ville ou bourgade, qui n'ait ſon cemetiere dehors.

C'eſt choſe plus à deſirer qu'à eſperer, que cela ſe puiſſe entierement obtenir en ces prouinces. Mais ſi on ne juge pas à propos d'abolir du tout les vieilles couſtumes, quoy qu'introduites contre la raiſon & les bonnes mœurs : qu'au moins, on face ce que la necessité requiert, & que l'experience nous enseigne deuoir auoir esté ordonné dés le commencement; que les corps morts infectez, sans auoir égard à l'apparence des personnes, soyent portez en vn lieu hõneste, mais hors des villes ; & qu'il ne soit plus besoin à l'aduenir, de porter de la terre d'ailleurs à cause de la multitude des corps, pour jetter dessus, & hausser les cemetieres qui sont joincts aux Eglises, ce qui faict horreur à voir, & est contre toute humanité. Ie mets cela entre les choses, lesquelles en vn tel temps appartiennent au soin des Magistrats, & desquelles ils sont redeuables aux peuples qui leur sont commis, afin que la Republique & l'Eglise n'en reçoiuent plus de dommage. I'espere aussi que ceux qui ont negligé ce soin iusques à present, seront plus aduisez à leurs propres despens, & qu'ils ferõt cesser tels abus & indecences, desquelles i'estime auoir assez descouuert la source corrompuë.

Maintenant, comme d'vne espece de destour, ie retourne à mon premier propos,

propos, & insiste encore sur ce que j'ay dit dés le commencement, qu'il n'est pas besoin de contention, & de disputes, mais bien d'attention, & d'vne saincte resolution d'arrester le cours de nos pechez & retrancher les vices. Et en cela ie veux esperer que nous nous accorderons tous, comme en cecy semblablement, qu'il ne faut en aucun temps, ni en occasion aucune, manquer aux deuoirs necessaires de charité. Seulement, chacun doit bien penser, à ce que la charité requiert d'auantage, lors que plusieurs & diuers objects se rencontrent qui en ont besoin, ce à quoy aussi chacun est obligé par sa vocation, & à euiter en telle occasion ces deux écueils, comme Zanchius aduertit prudemment, *vne sote temerité, & vne crainte trop grande & vicieuse.* Car cette premiere feroit, que ne craignans rien, nous nous perdrions & les autres : la seconde seroit cause, que voulans trop espargner nostre vie, nous abandonnerions l'œuure de Christ. Nous tenans donques dans le milieu, nous aurons telle confiance au Seigneur, &

ſerons tellement courageux, que nous ne negligions point les moyens de conſeruer noſtre vie & ſanté : Nous moderons tellement le ſoin de l'vne & de l'autre , que nous ne fraudions rien de ce que nous deuons à Dieu, & à noſtre prochain ſelon Dieu.

Au ſurplus, *lors que tant de funerailles paſſent deuant nos portes* , nous tiendrons, que la meditation de la mort, vtile en tout temps , eſt alors de ſaiſon. *Car* (pour parler auec Seneque) *pour cette cauſe la mort eſt à nos coſtez , à laquelle pource que nous ne penſons point, ſi ce n'eſt à celle des autres , les exemples de noſtre mortalité ſont mis d'ordinaire deuant nos yeux*. Leſquels puis que nous auõs ſi frequents, & en ſi grand nombre, il faut auſſi que nous les prenions à cœur ; & que toutes choſes laiſſees, nous nous exercions en cette meditation , de ne craindre pas trop le nom de la mort, afin que par vne penſee ordinaire , nous nous la rendions familiere , & , que quand Dieu le voudra ainſi , nous puiſſions meſmes aller hardiment au deuant d'elle; & par elle à la rencontre de l'eſpoux, qui par ſa mort a aboly l'ẽpire de mort. Dieu vueille affermir en nous ce bon propos, & vous conſeruer auec les voſtres & tous nos autres amis, en ſanté, & proſperité, pour ſa gloire. De la Haye, le 16. de Ianuier, 1636.

GEORGE ABBOT ARCHEueſque de Cantorbery, eſtant Profeſſeur en Theologie à Oxfort, publia l'an 1597. quelques notables queſtions auec ſes reſolutions. En la cinquieſme, qui traicte, de la fuite en temps de perſecution & de peſte, voicy ce qu'il dit de la ſeconde, que nous auons traduit de ſon Latin.

COmme il y en a eu qui ont diſputé, qu'il n'eſtoit loiſible à aucun Chreſtien de fuir en temps de perſecution; entre leſquels a eſté Tertullian: Auſſi pluſieurs, & meſme en la Capitale ville de ce Royaume d'Angleterre, y en a grand nombre, & ſur tout de ceux qui ſont de plus baſſe condition, qui maintiennent opinia-

ſtrement, qu'il ne faut pas ſe retirer des lieux attaquez de peſte. I'en parle comme experimenté. Ils en rendent cette raiſon, qui leur eſt peut eſtre plauſible, que cette maladie & contagion eſt vne viſitation de Dieu, de laquelle il n'eſt licite à aucun homme de ſe ſouſtraire ; Et qu'à vn chacun eſt aſſignee la duree de ſa vie, & determinee; laquelle, comme elle ne peut eſtre prolongee ou differee; auſſi ne peut elle eſtre abbregee, preuenuë, ou anticipee. Mais combien cette obiection ſe trouuera elle vaine & friuole à celuy qui y regardera prudemment? Car s'il m'eſt loiſible d'entreprendre ce qu'il me plaira, pource que le temps de ma mort eſt arreſté, que ma vie a vn certain terme, & que ie ne pourray pluſtoſt mourir, qu'au terme prefix de ma vie ; pourquoy donc ne me precipiteray je en la mer,
a Matth. 4.6. ou, comme Satan [a] ſuggeroit au Seigneur ne me ietteray je en bas du haut du pinacle du Temple ? Le Sei-
b v. 7. gneur [b] enſeigne que cela eſt tenter Dieu. Ce qui eſt defendu. Comme noſtre Dieu ſouuerain a determiné

les fins, aussi a il ordonné les moyẽs, & nous sommes obligez de les recercher en toutes manieres. C'est vn moyen de conseruer la vie, de manger, de boire, de dormir, & me retirer des maux & dangers qui me menacent; & cela faut il faire. Quant à ce qui touche la visitation de Dieu, soit ainsi, que ce soit vne verge de Dieu; si Dieu t'en frappe, il le faut porter patiemment. Mais quand il n'est pas necessaire, ne t'ingeres point temerairement, que tu ne sembles t'estre faict violence, & te rendes coulpable d'homicide. Dieu c met au nombre de ses fleaux & des plus rudes, la peste & les maladies. Mais aussi faict il l'espée, la faim, les dents des mauuaises bestes, & autres choses comme de mesme genre. Quand d Saul dardant sa iaueline voulut transpercer Dauid pourquoy se destourna il? Quand la famine incommoda Iacob & les Patriarches, pourquoy enuoya Iacob en Egypte pour auoir du bled; & que plustost ne se laisoitil mourir de faim, pource que c'estoit vn chastiment de Dieu? Iacob & Dauid estoient plus

c *Deut.* 28.59. 61. *Ezech.* 14.21.

d 1. *Sam* 19.10.

ſages que cela.

Il faut que chacun fuye les occa-
e Exod. 20.13. ſions de ſa ruine. C'eſt vn e commandement de Dieu d'euiter le meurtre, ſi celuy des autres, auſsi le noſtre. Car la charité commence par ſoy meſme,
f Matth. 22.39. & il faut aimer les autres f non autrement que nous meſmes. S'il ne nous eſt donc point loiſible de nous faire mourir nous meſmes en aucune maniere, auſsi ne deuons nous pas entrer au chemin qui meine à la mort; ni entreprendre les moyens qui en ſont proches. Et comme en autres oc-
g Pſ. 91. 6. 1. Sam. 24.15. caſions, auſsi en la peſte, laquelle g tuë & en abbat plusieurs milliers en vn moment. Derechef, Dieu nous a proposé toutes ſes playes comme terribles & eſpouuentables: par conſequent comme telles que de corps & d'ame nous nous en deuons garder. Or la peſte en eſt l'vne. Dauantage, Dieu ayant ſoin de la ſanté de ſon peuple, a voulu en ſa loy h enſeigner
h Leuit. 13.45. amplement touchant la ladrerie, comment on la pourroit cognoiſtre & diſcerner, & à qui en appartenoit la cure. Il voulut auſsi que les ladres

fussent discernez d'habits, & qu'ils criasset *i ie suis pollu, ie suis pollu.* Aussi voulut ils qu'ils habitassent separément hors du camp, de peur qu'ils n'infectassent les autres par leur soüilleure. Si Dieu n'a pas voulu que par vne moins dangereuse maladie, laquelle infecte à la verité; mais ne tuë pas comme la peste, son peuple fust soüillé; cõbien plus a il voulu qu'il se retirast promptement d'vne contagion, beaucoup plus espouuentable. Que doncques le Turcs, comme ils font, se iettent & precipitent és lieux contagieux sans consideration, mais que les Chrestiens se contiennent. Et que quelques hommes importuns, par leurs exclamations ne facent point de plaintes de leurs freres, lesquels en la necessité du temps se retirent auec leurs enfans & familles. Ceux ausquels Dieu a donné cette commodité qu'ils en vsent en bonne conscience. Mais que les absents n'abandonnent pas leurs freres desia languissans & miserables: ains qu'ils leur aident, les adressent, les consolent, par leur conseil, aide, & tous legitimes

i v. 46. & Nom 5.2.

moyens. Telle doit estre la compassion des Chrestiens.

Mais quant au Pasteur & Ministre de l'Euangile, j'ay vn autre aduis. Car les raisons que i'ay apportees touchant la fuite en la persecution, qui regardent le salut des ames, ont aussi lieu en cette occasion. Si lors que la Peste regne, il s'enfuit, qui est ce qui exercera les charges necessaires à l'Eglise? qui consolera les malades? qui preschera aux sains? Il y a certes infinies choses qui rendent tous les iours necessaire sa presence, & ne se peuuent executer si celuy qui a la conduite des choses spirituelles & qui doit donner conseil, se trouue esloigné. Ie croy donc que le Pasteur, s'il ne veut estre tenu pour mercenaire ne se doit pas departir de sa vocation particuliere, laquelle luy oste la liberté, qui est permise aux autres. Et neantmoins, pource que la gloire de Dieu ne se manifeste pas tant en vne mort particuliere & durant la peste comme en vn martyre public en temps de persecution, pour garder vne bonne conscience: pource qu'il a plusieurs fonctions à faire au milieu de toute l'assemblée de l'Eglise, aussi bien qu'aupres des malades : j'estime qu'il n'est pas necessaire, qu'il entre dedans les chambres des malades & s'approche de leurs licts, ce qui ne se peut faire sans danger manifeste de sa vie. Il faut donc prendre quelque voye moyenne, à ce qu'il ne fuye point ; mais aussi qu'il ne se mesle point trop confidemment auec les contagieux. Quand l'occasion se presentera, qu'il se serue de lettres, de messages : s'il peut estre en lieu où il puisse estre ouy de loin, qu'il esleue sa voix, & qu'il vse d'exhortations ; & les assiste en sorte, que trauaillant pour le bien des autres, il n'attire pas le mal sur soy-mesme : Que s'il est fort pressé par quelque occasion notable, qui ouuertement serue à la gloire de Dieu, ou à l'vtilité manifeste de l'Eglise, pour visiter & s'approcher de quelqu'vn pourueu qu'apres vne serieuse & affectueuse priere, il ait prudemment, sobrement, & auec grand iugement examiné les instincts de sa conscience (car j'attribuë beaucoup à vn instinct sobre & prudent, & le ministre de l'Euangile doit estre tres-prudent) ie ne luy ose defendre le pouuoir d'y entrer. Mais, comme les medecins en telles saisons, se fortifient par des parfums, odeurs, & medicamens, que luy aussi ait soin de son corps tant qu'il pourra. Mais sur tout qu'en priant en tout humilité, despoüillé de tout arrogãce presomptueuse en la presence du grand Dieu, en tout euenement, il recommande son ame à Dieu. Touchant la conuocation du peuple dans les Temples lors que la Peste est en vogue, en sorte qu'il y ait à craindre s'assemblans à l'estroict, ils augmentent entr'eux la langueur & l'infection, ie n'en veux rien prescrire : mais ie laisse au iugement du Magistrat vigilant & prudent, du Ministre & des fideles qui font la congregation, de peser les circonstances, pour voir qui sera meilleur ou de s'assembler, ou demeurer en maisons priuees: pource que c'est à eux à prendre garde, que tout se passe sainctement, amiablement, prudemmment, & auec le moins d'incommodité qui se pourra. Et icy nul ne doit estre sage outre la sobrieté, ou opiniastre outre la modestie, mais il doit humblement porter ses conseils en commun. Ainsi auez vous touchant la retraicte en temps de peste le jugement de mon ame. O Dieu Eternel destourne ce mal de nous & de nostre Eglise & nous estant propice octroye nous qu'à jamais, jusques à l'aduenement de ton fils, nostre pays embrasse paisiblement ton Saint Euangile, à la gloire de ton fils ; auquel auec toy & le S. Esprit, soit honneur & immortalité eternellement, Amen.

FIN.

www.ingramcontent.com/pod-product-compliance
Ingram Content Group UK Ltd.
Pitfield, Milton Keynes, MK11 3LW, UK
UKHW022104260726
13993UKWH00001B/313